李万华 / 著

存在的形式
THE BEING IN ANY FORM

中央编译出版社
Central Compilation & Translation Press

图书在版编目(CIP)数据

存在的形式/李万华著. —北京：中央编译出版社，2017.3
ISBN 978-7-5117-3233-0

Ⅰ. ①存…
Ⅱ. ①李…
Ⅲ. ①存在-研究
Ⅳ. ①B021

中国版本图书馆 CIP 数据核字(2017)第 003914 号

存在的形式

出 版 人：葛海彦
出版统筹：贾宇琰
责任编辑：杜永明
责任印制：尹　珺
出版发行：中央编译出版社
地　　址：北京西城区车公庄大街乙 5 号鸿儒大厦 B 座(100044)
电　　话：(010)52612345(总编室)　　(010)52612342(编辑室)
　　　　　(010)52612316(发行部)　　(010)52612317(网络销售)
　　　　　(010)52612346(馆配部)　　(010)55626985(读者服务部)
传　　真：(010)66515838
经　　销：全国新华书店
印　　刷：北京时捷印刷有限公司
开　　本：787 毫米×1092 毫米　1/16
字　　数：149 千字
印　　张：13.5
版　　次：2017 年 3 月第 1 版第 1 次印刷
定　　价：48.00 元

网　　址：www.cctphome.com　　　　邮　　箱：cctp@cctphome.com
新浪微博：@中央编译出版社　　　　微　　信：中央编译出版社(ID: cctphome)
淘宝店铺：中央编译出版社直销店(http://shop108367160.taobao.com)　　(010)55626985

凡有印装质量问题，本社负责调换，电话：(010)55626985

目 录

第一章　宇宙存在论 / 001

第一节　哲学的精神 / 003

哲学是人类把握世界、认知世界的思想方式，其思维的方式必须具有逻辑性，其思维的内容与成果至少应当是相对确定的，不能玄不可测。哲学思维的目的为的是弄清楚存在世界与精神世界所遵循的具体规律或者是总的法则。

第二节　哲学的架构 / 010

理清哲学的基本架构，让它对于普通人来说不再是一头雾水，让哲学特别是哲学思想和哲学精神走下神坛，面对普通大众，这是真正从事哲学思考的人所必须面对的任务。

第三节　科学的困惑 / 018

人类的科学实验验证的认识方式已经非常明确地显示出难以与更深度的存在世界继续对接，很多时候大家只能依靠猜想来设定世界的存在模型，然后借助于这些模型之下可能出现的反应与现象来进行佐证。

第四节　宇宙的存在 / 026

哲学应当站在新的高地去思索我们所面对的这个宇宙的存在，它们何以在？以何在？何以以何在？

第二章　存在的形式 / 035

第一节　存在及其形式 / 037

除了物质以外，能量、空间、暗物质、暗能量等的存在，在科学已知的它们和物质的不同关联中，已经显现了世界终极的存在（存在形式），不是一而是多。

第二节　能量 / 049

我们知道物质的存在有各种具体的存在形式，那么，能量的存在形式呢？

第三节　空间 / 059

对于物质、能量和空间之间的三角关系，我们的意识不能老是停留在用其中两个解释另一个的兜圈圈的模糊逻辑之中，怎样才能更确切、更形象地领会它们三者之间的这种共存关系呢？

第四节　时间 / 071

　　光子的速度既然可以导致它的时间停止，那么光年的年又从哪里来？它的年还是地球上所守候的地球公转太阳一周的时间长短吗？光以光的速度运动，时间不是停止了吗，哪来的光年？

第三章　存在的现象 / 085

第一节　存在形式与存在现象 / 087

　　在面对某种全新的世界或存在对象时，经验思维很容易就显得力不从心，普遍存在的现象必须重新理解和重新认识。

第二节　力 / 094

　　真的有力吗？力是存在形式还是存在现象，还是只是人的一种感觉，甚至是种错误的感觉？

第三节　波 / 114

　　波的现象和力的现象一样，让我们人类意识再一次确信自己的逻辑判断，尽管将来我们的这一区分会被证明是一个最最基本的错误。

第四节　粒子 / 124

很有可能，我们这里基于粒子存在的分析和思考离真相依然差距甚远，但我们至少可以确定人类现有认识的缺陷及出处，同时，我们也开始了一次从根本上、本原上关于最基本存在形式的重新思考，特别是关于几种最基本存在之间的关联的思考。

第四章　信息与因果律 / 143

第一节　感官与信息 / 145

人类的感官限制无法解决，心智不受其他客观条件的终极约束，但是，却又直接受制于自身感官的能力，那么我们的出路又在哪里呢？

第二节　信息与真相 / 154

奇怪的是，存在的真相与人类意识并不存在水火不融的关联，意识成分越丰富、越成熟，就更容易、更广泛地接近存在的真相。

第三节　因果律 / 166

地球上的绝大多数法则，如果换成别的空间、星系，肯定将不再管用。

第四节　人存的因果 / 177

　　人类利用机械波和电磁波的知识经过了无数次艰苦实验，至今仍然不及躲在洞里的老鼠和蛇那样准确。显然，地震之前所传来的那种能被它们动物接收的波或其他形式的信息，跟我们科学所采用和所掌握的方式内容差距甚远。

第五章　知识的突破 / 185

第一节　印象与概念 / 187

　　差距不仅在人类所能感知的印象信息和外界原本信息之间存在，在印象内容与具体概念、具体概念内容与抽象概念内容之间，而且在概念和基于概念所形成的经验知识、理论知识之间，甚至在经验知识和理论知识之间，全都毫无例外地天然存在。

第二节　经验与理论 / 193

　　经验与理论是人类知识的重要形式，它们不可或缺，然而经验往往经不起推敲和检验，理论往往又被一次次更替和修正，那么，我们有什么理由来确信那些业已确立的许多重大关键概念的真实可靠性呢？

第三节 思维的方法 / 200

　　知识的重大发展与突破，其重要体现和要求就是我们思维逻辑即哲学方法论方面的长足进步，那么，思维逻辑怎样才能获得这样的进步呢？

第一章

宇宙存在论

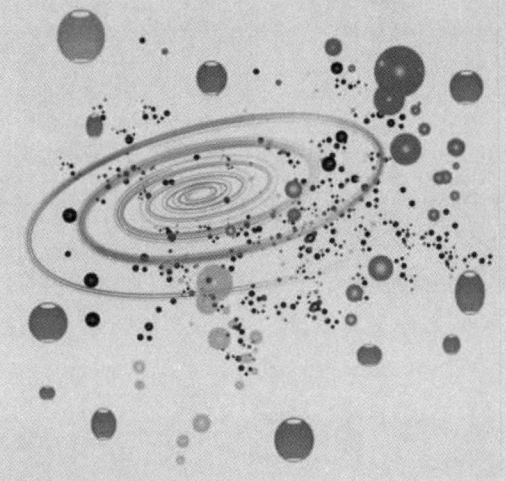

第一节 哲学的精神

哲学对于普通人来说，高深、晦涩、空洞而乏味，感觉总是那么遥远，那么高高在上，那么无可企及，似乎，它总是那样与己无关。

然而，哲学作为人类智慧之学，始终是人类文明的奠基石，它高高地竖立起引领各门科学进步的旗帜，让越来越多的自然法则被我们人类认知，并听命于人类意志的任意性。哲学用严谨缜密的逻辑和无可辩驳的事例将宗教赶下了思想神坛，它理智地创设和宣传全新的社会伦理与价值观，使得人们从禁锢中获得解放，用科学与自由的精神鄙弃愚昧，并让民主逐渐代替专制。从开启人类智慧的那一刻起，哲学便注定要把人类社会带向日益和谐与公正、日趋文明的未来。

任何一门学问都是人类智慧的结晶，都是全人类共同的精神财富，哲学也不例外，因此，哲学工作者没有理由故步自封，更没有必要始终自持着高高在上的那种感觉，而应当面对现实，走向社会大众。对于每一个普通人来说，哲学的作用就体现在哲学思维，哲学思维不仅有助于正确确立个人人生态度和信仰，而且经常会帮助工作在各个领域的人们取得突破性的成就，这个哲学的思维就是罗素所说的哲学精神，作为一种精神，它更多地表现为一种不同的思维方式。

哲学自创设以来至今已有两千多年的历史，期间，无数聪明绝顶和智慧过人的先人挤进这扇智慧之门，从不同的角度在不同的领域创立了不同的学派和各式各样的学说，在这些人当中，很多人都曾诠释过什么是哲学思维或哲学精神，但是，却没有一个观点能让所有人达成一致，以至于两千多年后的今天，哲学大家们依然会为了什么是哲学以及哲学的内涵发生争议。

完整而科学地解析哲学的要求与特点，无疑将有助于现代人理解和认识过去各个哲学学派及学说，分清哪些学派和论断不属于严格意义上的哲学，哪些又体现了真正的哲学精神，更为重要的是，人们将能够借以确认现在及未来哲学的使命，以及为执行和完成该使命所必须秉持的原则与态度。正确解析哲学的基本要求和特点，实质就是认清什么是哲学的思维与哲学精神，同时，也是对什么是哲学进行准确的定义。

首先，哲学最基本的要求和特点是进行本原性思维。

说通俗点，本原性思维就是追根溯源地思考，找出各种表面的或表象性事物更深层次的带有因果关联的原因。本原性思维表现在两个方面：一是对存在及精神包括物质能量、思维意识、社会伦理等所有领域的本原性问题进行思考，以期找出它们的本原真相及本原规律；二是对各种表面性或表象性事物进行一层更比一层有深度的追根溯源性的思考，以期找出各自的根本原因，从而更准确地认识现象之下的本质，或者至少弄清楚事物表面之下的真实面目或原因。显然，本原性思维的第一个表现只存在于哲学这门科学当中，而第二个表现则会在各门自然科学、社会科学中广泛地应用。

西方哲学史上公认的第一位有记载的哲学家泰利斯认为"万物皆水"，古希腊人认为万物是由土、水、火、气这四大元素构成，留基伯和德谟克利特则认为世间万物皆由原子构成，这些对"万物由何组成"问题进行思考的最早期的哲学家提出和创立的学问就是存在论或本体论，也叫形而上学，可以说，哲学就是起源于这个本原性的关于存在的问题。这些人类智慧的先哲在面对世间万物时，首先提出的一个问题就是：世间万物究竟是由什么组成？这，是个最本原性的思考。然后，他们进一步思考：世间万物包括我们肉体的人到底是不是一种存在？我们何以确定世间万物是一种存在？再然后，哲学家们又问自己：我们人赖以确定存在的思维、思想或者叫精神、意识又是怎么回事？甚至继续思考：我们所指的"存在"究竟是个什么样的存在？等等。非常清楚，哲学不仅起源于关于存在和认识的本原性思考，哲学的根本任务就是要解答这些本原性问题，即对本原性问题进行本原性的思考与回答。为什么会是这样？我们人类的好奇心与求知欲驱使人类精神去认知世界和我们自己。在面对大千世界的繁杂表象时，人类的意识感到了难度，因为世界太过变化莫测和处处充满假象，于是便自然而然地去考虑表象之下的原因与本质，以及假象后面的真理。人类依据自身精神的认知能力的特性，武断地确信：本质和表象、真理与假象之间肯定存在某种关联，把握本质和真理相比把握表象与假象来，要有用得多，而且更加有规律可循。在这里，我们与其说是"武断"不如说是"只能如此"，因为存在世界以这样的方式存在和变化，人类的精神意识也只能以同样的方式去认知，存在世界的存在形式拥有一层层的现象与本质的关联，那么我们的意识也必然将如此去认知。也许是因为人类精神也是一种物质存在的特殊存在形式的缘故，但不论怎样，如果人类认知不这样进行，世界就会变得无法认识，精神也将会因为丧失基础和对象而不复存在。

本原性思维的第二个表现，其实就是第一个表现在各种具体科学领域中以及各个具体问题上的实际推广应用，即实现人类精神的认知规律和宇宙的存在规律相统一的现实要求。按照这一要求，人类在面对各种具体问题和任务时就能够进行追根究底式的分析并据此作出高度的概括和总结，从而更加深入和全面地掌握各种属于不同领域的知识。如若不然，没有本原性的思考肯定不会产生本质性的改变和突破性的成就。这也就是为什么哲学思维能够帮助不同领域的人们取得突破性成就的原因所在。

哲学的第二个显著要求和特点是进行逻辑性思维。

逻辑性思维是我们人针对各种现象信息、印象、概念、经验、理论等进行意识层面的论证和理解，这种论证和理解的主要任务及内容就是进行相互间或者总体的比较、判断与归纳、分析，而比较、判断与归纳、分析的实质是在各种现象信息、印象、概念、经验、理论等所涉及的客观事物及问题进行存在关系方面的关联，这种存在关系表现为各自的存在变化，而主观进行的关联就是要考察变化及现象结果的原因，即存在的因果关联。

逻辑性思维其实就是意识层面的推理，有了这个推理便会包含人的主观成分，从而成为带有知识性的东西。理解这个我们这里所说的逻辑推理的"理",显然和朱熹的那个"形而上"的"理"是不同的,朱熹的理学所缺乏的并不是关于形而上的"理"的立论,所缺乏的恰恰就是逻辑性思维的这个推理,即解答我们通常所被问及的"为什么会这样"的问题。不仅是理学,中国儒学甚至道家,都缺乏逻辑推理过程和立论依据。中国人传统的思想所注重的是描绘图景和创设结构,但是对具体的理由与个中逻辑,似乎有点漠不关心,而是让别人自己去意会、琢磨或者体验、验证,这,就是为什么有人说中国没有哲学家或者没有严格意义上的哲学的主要原因所在。可见,逻辑推理和逻辑性思维对于哲学来说是多么重要。

逻辑性思维考察的目的是要弄清楚事物对象之间的因果关系,但是,逻辑性思维本身只是进行纯粹形式上的推理思考,它不关注所用例证的内容是否真实,也无法确保推理结论内容的可靠,它只是关注例证与结论之间的形式及过程是否得当,是否符合人的思维习惯或者容易被大家接受。一般情况下,我们所进行的逻辑推理所涉及的现象信息、印象、概念、经验、理论,都是包含主观成分的带有知识性内容的东西,所以这个推理往往是人在精神意志方面所进行的不同层次与不同内容的错综复杂的关联,也只有那些包含有知识性的例证和结论,人在主观意识上才有可能为它们建立某种关联,那些简单的感官信息如果没有形成较为准确的或者可以比较、判断的印象,则无法进行主观上的推理。比如刚出生婴儿第一次睁开眼见到妈妈时,或者当人类第一次遇到不明飞行物时,人在视觉神经中所留下的信息,除了观察对象的外观样子即信息内容本身之外,人在意识上除了好奇外无法建立起某种准确的印象或者哪怕是比较模糊的概念,人从主观上根本无法进行与此有关的比较和判断,归纳与分析就更谈不上了。当人类经过多次这样的信息印象,特别是像看到老虎有生有死、会吃会动,蚂蚁也有生有死、会吃会动之后,这类带有主观推理内容的概念和结论才能确立,人的意识会很自然地推理得出动物的概念,以及"老虎和蚂蚁都会有生有死,都会吃会动"这样的结论。

  逻辑性思维所进行的比较、判断与归纳、分析过程有个要求,那就是必须符合人的思维习惯。为什么呢?因为所有复杂的高级的知识都是简单知识或者印象、观念、概念、经验和理论知识的逻辑叠加,当人类思考每一个形式的知识的正确性与真实性时,只要一追根溯源进行本原性思维,便会很自然、很容易地陷入苏格拉底式发问的茫然之中。为了确保在每个知识间不出现思维紊乱或错误,也为了通过已有知识推理出未知知识,并使未知知识获得最大可能的正确可靠性,逻辑的必要性即知识推理知识的思维过程符合人类思维习惯的必要性也就很自然地显现出来。为了减少苏格拉底式发问后无知的可能性,亚里士多德创立了逻辑学。当然,逻辑性思维本身无法避免人类知识可能会出错,毕竟知识本身包括作为每一个逻辑思维的对象也全都是人类精神的产物。但是,我们不能因此忽视逻辑思维在人类全部智慧中的重要地位与作用,因为,如前所述,所有高级与复杂知识都是由更低一层的相对简单知识或者众多知识经由思维逻辑推理构成的,即高度概括与总结的结论全是由一个或多个例证通过逻辑性思维关联而成,如果最简单的最低层次的知识是由符合人类思维习惯建立,而由这些知识来构架更高一层知识所依赖的逻辑如果不符合人类思维习惯的话,人类的知识就会出现全面混乱,如此一来,知识就会变得没有任何可靠性及实用价值，那么，人类的智慧知识就会不存在，特别是通常所说的理性知识。因此，假如人类没有理性，人类和动物之间也就没有任何区别。

哲学的第三个要求和特点是现实确定性。

哲学的现实确定性表现在思维的内容与成果的现实确定性上面，主要有以下两项要求。

1. 哲学所思考、研究的问题必须跟客观存在或者人类现实的需求与疑问有关。因此，那些用跟现实无关的宗教神话中的天堂、地狱等概念来构建世界的思想，肯定不属于严格意义上的哲学，尽管它们当中很多关于人生及信仰的某些思考和观念会有一定的积极影响。另外，那些关于思想与哲学历史发展的介绍本身，只要由此引发的自己对于现实的思考不多，或者基本上只是停留在历史学的层面，那么也不能算是严格意义的哲学，因此，比如中国的冯友兰先生，就不应视作是哲学家，而应视为哲学史家。

2. 哲学所思考、研究的内容与结果必须具有相对确定性。绝对确定性在世界上是不存在的，所有知识和事物只有相对的确定性，但是，如果哲学思想及其结论连相对的确定性都没有，那么它就成了玄学，一个问题怎么说都对，一个观点和意见套在任何不相干的事物上也都合适，但是，仔细分析却又不知道它们是针对什么实实在在的具体东西，持有什么样确定的观点和意见。但凡出现此种情况，可能的原因不是局部没有逻辑，就是整体缺乏逻辑性或者逻辑性思维出现混乱。哲学精神和哲学思维必须是确定的，这个确定性表现在确定的问题与确定的观点之上，只有这样才能成为一种真正有价值的、人类意识可以把控的知识，也只有那些能够被人的意志认知和把握的有价值的东西，才有可能发展成为真正的智慧。

经过上面的分析，现在我们可以这样认为，哲学是人类把握世界、认知世界的思想方式，这个世界既有存在的客观世界也包括人的精神意识世界，这种把握和认知必须是针对现实世界的本原性问题所进行的意识思维，其思维的方式必须具有逻辑性，其思维的内容与成果至少应当是相对确定的，不能玄不可测。哲学思维的目的为的是弄清楚存在世界与精神世界所遵循的具体规律或者是总的法则，这些规律和法则是天然的而不是每一个人所具体理解和感受的，所以人生哲学严格来说不属于哲学，如果将人生哲学追根溯源思考下去，就会涉及别的哲学领域，比如说伦理哲学，而伦理哲学似乎遵循着一个终极的法则，那就是每一个人与人群内心的安宁与平静。

第二节　哲学的架构

200万年前的旧石器时代，人类就会使用石器和木棍，说明人的智力已经开发；此后的新石器时代，农业革命的出现让人类向前迈进了一大步，为人类文明创造了客观条件并让人类的文明成为可能；然而，人类真正的文明社会的到来却是最近这几百年的事情，这一伟大变革理所当然地要归功于科学革命和工业革命。科学革命和工业革命应该说都是西方文明的独特产物，如果仔细探究，很自然会提到西方的文艺复兴，那个时期的欧洲工匠与学者能够密切合作，利用中国传入的造纸术和印刷术，他们可以直接接触到古希腊时期的苏格拉底、柏拉图，还有亚里士多德、欧几里得和阿基米德的思想，后者开创或促进了逻辑学、物理学和数学的研究，科学由此而来。最为重要的是，这些先哲们的思维方式影响了科学革命和工业革命时期的学者工匠，让他们得以挣脱宗教的思想束缚，从原本出发去思考人类所面对的一切问题：为什么？为什么会这样？

伟大的科学先驱哥白尼认为太阳而非地球是宇宙的中心，他的这个观点就是采用古代哲学家的；现代物理学中"原子"概念就是由古代哲学家留基伯和德谟克利特提出来的；牛顿认为自然世界就像是一个巨大的机械装置，按照通过观察、实验、测量和计算可以确定的某些自然法则进行运转，人类的各门知识都可以分解为有理性的人所能发现的少数简单、始终如一的定律，他的这一被广泛应用于整个思想和知识领域的物理学分析方法，从根本上说其实就是他的哲学思想，是他关于自然世界的思考与理解。

哲学思维和哲学精神对于科学革命和工业革命的作用、影响是毋庸置疑的，现代人类的文明源自自身思想的圣地也是毋庸置疑的，那个思想与智慧的神坛属于哲学，这至少在二三百年以前是没有争议的。

翻开哲学历史，一个个伟大的名字响彻大地，苏格拉底、柏拉图、亚里士多德、欧几里得、阿基米德、笛卡尔、阿奎那、休谟、培根、洛克、卢梭、康德、黑格尔、贝克莱、罗素、海德格尔、罗尔斯等；打开一本本哲学书，什么存在论、本体论、宇宙论、世界观、宇宙观、认识论、伦理学，什么经验主义、理性主义、逻辑实证主义、唯物主义、唯心主义、存在主义、神秘主义，什么共产主义、自由主义，什么古典哲学、现代哲学、经院哲学、批判哲学、人性哲学、人生哲学，什么道德哲学、性格哲学、社会哲学、伦理哲学、政治哲学、法哲学，什么分析哲学、比较哲学、系统哲学、科技哲学，还有辩证法、方法论，等等，每一个哲学分类都涉及不同时期不同哲学家的思想观点，其中有联系也有区别，各门派之间又都是交叉混杂，如果真想把它们全都理清，普通人真是勉为其难，大概那些平日里专门在大学院校教授哲学的老师都很难列举齐全，甚至让这个世界上最聪明的大脑把所有这些伟大哲学家的主要著作通读搞懂都不是一件容易的事。

那么，难道就可以据此说哲学作为一门学问本身就是这样混乱的吗？哲学难道没有办法理清头绪吗？难道可以就此断定哲学不可学和不可知吗？当然不是。

理清哲学的基本架构，让它对于普通人来说不再是一头雾水，让哲学特别是哲学思想和哲学精神走下神坛，面对普通大众，这是真正从事哲学思考的人所必须面对的任务。同时，揭开哲学那个看似混乱的神秘面纱在某种程度上也有利于研究者本人弄清哲学所涉及的领域以及各领域间在精神的认识层面上的联系，从而帮助自己选择从哪个方面开始着手思考，搞清楚这个领域其他哲学家及科学家所秉持的主张和观点。这样一来，当身处哲学原始森林中苦苦摸索思考的时候，可以做到进得去出得来，并最终能够让哲学作为一门学问到民众中去裸奔。也只有这样，智慧之光、智慧之美方能闪耀大地、普悦众生。

下面，针对哲学研究的领域，我们通过大致的划分来分析一下哲学的基本架构。

一、宇宙存在论

哲学作为一门学问和思考开始于存在论，关于存在的思索带给了哲学以本原性思维的精神，然而，此后有关自然世界和宇宙客观存在的万事万物的本来面目的探究却冠以本体论、存在论、形而上学、世界观、自然观、宇宙观等的说法或名称，甚至辩证法也被牵扯进来，显然，这样的境遇早已变得不合时宜，早应该被宇宙存在论一网打尽。今天的自然科学已经远远地跑在最前面去认识宇宙这个抽象存在概念所能囊括的一切空间事物和具体形式了，哲学也早就甩开了宗教，它再也没有理由站在原地踯躅不前，看似目光呆滞地在那里琢磨着什么是存在和有没有存在的问题，是"在之中"还是"意念之中"的问题，抑或是本质还是形式、是质料还是虚空的问题，所有这些全都是两千年来陈旧的没用的抽象概念，其实，它们都是关于精神之外的那个宇宙存在的思考，我们可以统称为宇宙存在论。

有关宇宙存在的哲学思考应该说是最本原和最核心的哲学，它既开启了人类的智慧之门，又成了人类认知的终极目标和任务，也是所有哲学研究领域中最艰巨最有难度的领地，因此，历史上特别是近几百年以来，在所有这些伟大的哲学家当中，能够来到这块领地进行拓荒的并不是多数，即便是海德格尔，依然主要是停留在1000年前甚至2000年前的先哲们尚未突破的抽象圈圈当中。再比如说罗素，他的思考主要集中于人类的知识即认识论，像是个自然科学和哲学的中间人，转述了一下自然科学所取得的关于存在世界的许多具体新发现，然后就回到自己的认识论当中提取不多的有关客观存在的一些感悟。特别是近二百年，几乎所有的哲学研究者都有意无意地回避关于物质存在和宇宙本原的思考，将哲学精神的精髓的滋养之地全盘让给了自然科学的研究者，特别是理论物理。然而，让哲学家们为此不免感到有些羞愧的事实却在告诉每一个人：迄今为止最伟大的物理学家牛顿、爱因斯坦首先就是一个哲学家！这，难道有什么奇怪的吗？我们在前面有关本原性思维中对此讲得非常清楚。

哲学和哲学家应该回到存在论，回到现在的宇宙存在论，这里不仅离不开哲学本原性思维精神的开创性作用，当自然科学所惯用的实验验证的方法已经很难继续应对和完成宏观宇宙和微观粒子领域中实现重大突破的时候，或者当科学家们正在陷入某种矛盾和茫然之中的时候，也许哲学家们应当起身一同与之思考。

二、认识论

由于哲学早期思考的内容主要围绕人的精神以及精神所面对的万事万物究竟是什么，两者之间有着什么关联，因此，存在论和认识论在原初的状态下无法分离。自柏拉图往后，人们从感觉、影像、印象、观念、概念、经验和理性出发，经由亚里士多德、笛卡尔、阿奎那、休谟、康德、黑格尔、贝克莱、罗素等哲学大师的挖掘,哲学认识论逐渐将人类知识的形成过程及其构成元素和形式解析清楚。由于逻辑学、方法论和辩证法等的创立,使得认识论获得了更多的便利,于是,哲学开始可以展示出客观存在和人类精神意识之间的某些关联,同时也揭示出人类认识当中不同层次的知识形式之间也存在着某种关联,因此哲学认识论作为关于人类认知规律和知识理论的学问自始至终一直都在发展进步。

然而,哲学认识论的研究也并非一马平川没有障碍,人类精神为什么具备思维的分析、判断、抽象及逻辑能力,其原理究竟是什么,我们还远没有彻底搞清楚,而具体的脑科学和认知科学却已经兴起,哲学认识论关于人类知识的形成与突破的解析似乎并不是那么完善和尽如人意,人类感官能力的有限和客观存在的形式无限之间的矛盾始终存在也必将永远存在,所有这些都在现在和未来掣肘着哲学认识论的发展,同时也自然成为认识论研究的任务与方向。不过,今天的人类已经发现,各种存在形式之间所拥有的因果关联,和人类认知能力的提高以及知识的进步之间,似乎遵循着某种共同的规律。

三、方法论

方法论主要研究的是人类认识和思维方式,这里既有如何看待世间万事万物的原则方法,也有考察人自身及人类思维的研究方式,在这些方面,方法论和宇宙存在论及认识论之间经常会出现共通现象,这是因为有什么样的存在就应该有什么样的认识，当然认识的方式方法也只能与此相通共融。方法论另一个主要内容是专门研究人类思维在构建知识的过程中所具体运用的思维方法，这当中最重要的也是最笼统的当属逻辑。逻辑不应当再是传统意义上的概念，一切关于人类具体思维方法的学问都可以统称为逻辑。当初逻辑学和数学、物理学一样，从哲学中分立出来成为一门专门的思维方法科学，现在已经发展出更高级更具体的形式，如分析哲学、系统哲学、比较哲学等，它们的实质都是一样的，都是关于人类认识思维当中逻辑推理的方式和方法。所有这些认识思维的方式方法，都会让客观存在世界传递给人类感官的现象信息以及之后的概念、观念等知识形式，赋予不同程度的主观成分，从而形成不同层次的针对存在世界的认识以及不同层次的知识形式。方法论因此跟存在论和认识论紧密相关，自然也会随着存在论与认识论的发展而发展。其中，辩证法就是一种典型的方法论，而这个典型就体现在它和存在论、认识论之间的共通性上，它将矛盾的对立统一性原则适用于所有领域，使其在具体的现实领域中成为全对论，同时也使其对于哲学的现实确定性思维来说成为一种实际上的不可知论，因此，辩证法作为一种方法论或认识原则是比较恰当的，而作为一个单独的哲学研究领域就会有些勉为其难。

四、社会伦理哲学和人类哲学

所有关于人和人类社会深度思考的哲学都可以统称为社会伦理哲

学和人类哲学。一切社会的制度形式都能从人自身找到根源，社会中的伦理道德与人性也都是有着各种难解之缘，如果放大一点，可以说社会伦理哲学和人类哲学，就是除了认识论、方法论以外的所有关于我们人类自身全部内容的哲学。所有包含社会内容的哲学如政治哲学、法哲学、部分宗教哲学等全部属于社会哲学范畴，而社会哲学的许多最基础的元素又都和伦理哲学是相通共融的，因此，把它们的全部并在一起，作为哲学四大研究领域中相对来说最不具备哲学思维和哲学精神的一块来看待，可以说不算是过分之举。当然，其中的人生哲学就根本不能算是真正的哲学。为什么这样来认定？主要还是借以强调哲学其他三大领域特别是存在论和认识论对于人类认识世界和改造世界的核心作用。

社会伦理哲学和人类哲学属于研究我们人类自己的学问，由于人类及人类社会的特殊性，不同的社会、不同的社会情况以及不同的研究者会出现不同的认识和思考，甚至很容易出现争议，但是在这个作为研究对象的社会领域当中，权利就像物质世界的粒子一样是个最基本的元素，围绕人的社会权利展开思考，当社会人在获得公平正义对待之后所获得的精神满足的终极法则，所有具体的社会伦理哲学和人类哲学应该在此取得一致、达成共识。当然，作为具体的细化的社会制度及社会组织形式以及法律等方面的许多杰出思想，比如洛克的社会基本架构思想，罗尔斯的修正社会基本结构的道德原则即作为公平的正义，等等，许多哲学家还是突破了原有的社会桎梏，为人类社会带来了实实在在的平等和自由，我们完全有理由相信，能让社会人的精神更加宽慰和满足的各种进步的社会哲学思想还会层出不穷的。

第三节　科学的困惑

　　哲学自诞生以来至今，有关客观世界即宇宙存在方面的认识和思考，一直停留在早期抽象的含义层面，但是科学自从摆脱愚昧迷信和宗教神学的思想禁锢之后，就如同一匹脱缰的野马，一个劲儿地昂头猛冲，远远地将哲学抛在了身后。科学取得了辉煌的成就，特别是现代科学对于电磁力的认识和利用，几乎可以用"淋漓尽致"和"无所不及"来形容，人们日常生活的方方面面和人类涉足的每一个角落都可以看到它们带给人类的舒适与方便。

　　同时，我们又不得不承认还有另外一个现实，那就是科学经过数百年的艰难跋涉之后，当爬到了当代这个成就的高度的山头，所有的科学家正在面对选择和确定宇宙存在更深层的问题即本原问题之时，展现在大家面前的竟是一片白雾茫茫，许多关于微观世界的存在以及宏观宇宙的本原，人类的科学实验验证的认识方式已经非常明确地显示出难以与更深度的存在世界继续对接，很多时候大家只能依靠猜想来设定世界的存在模型，然后借助于这些模型之下可能出现的反应与现象来进行佐证，但是，这些众多的猜想与理论，往往不是出现悖论就是矛盾重重，似乎都很难获得所有人的信服，科学面临的现实困境经常是用一个难题代替另一个难题。

科学面临的此类困境尤以最前沿的物理学为代表。

它首先表现在关于暗物质、暗能量的研究方面。

1932年荷兰科学家杨·奥尔特根据银河系恒星的运动提出银河系里面应该有更多的质量的推断；1933年美国加州工学院瑞士天文学家弗里茨·兹威基（Fritz Zwicky）研究后发现星系团时也推断出这个星系团内部有看不见的物质；根据宇宙大爆炸的理论，宇宙在大爆炸之前处于真空状态，大爆炸以后才形成了物质世界，据此推断应该有反物质或称暗物质存在。这种经过理论推导然后由科学家发现的，在一些星系团中产生的引力比其他可以看到的星系多一些的不发光的物质，就是今天科学领域经常提及的暗物质。但是，虽然经过人们针对暗物质所做的无数个试验和天文观测，它至今依然只是个理论和谜团。

现代天文学通过引力透镜、宇宙结构形式、星系转速曲线、微波背景辐射等表明：宇宙中有90%的质量不参与电磁作用，即人们常说的物质只占5%，而暗物质和暗能量则占到了95%左右。

暗物质是通过引力产生的效应得知的，暗物质理论的提出针对的就是宇宙大爆炸理论的不自洽问题，这本身就说明牛顿的万有引力和爱因斯坦相对论存在缺憾，或者至少说是不完备的。科学家正在通过三种途径寻找暗物质：一种是利用粒子对撞产生直接的暗物质，一种是利用引力场间接探测，另一种是通过探测正电子来寻找暗物质。除了第一种方式外，其余的都是间接佐证暗物质的存在及其所拥有的相应性质与作用。然而，就是关于宇宙星系的相关观测都有两种相互矛盾的结果，2006年美国天文学家利用钱德拉X射线望远镜对星系团

1E0657－558进行观测，无意间观测到星系碰撞过程，星系团碰撞威力之猛，使得暗物质与正常物质分开，因此说发现了暗物质存在的直接证据，但是针对螺旋星系NGC4736的观测却发现该星系的旋转完全依靠可见物质的引力来解释，这说明该星系没有暗物质或暗物质很少。

暗物质作为"世纪之谜"困扰了现代科学家，有趣的是，爱因斯坦曾提出"暗物质"这个概念，但是被他自己否定了，他在他的著名的方程式中加了一个宇宙常数，随后就弃用了，原因很简单，他认为暗物质破坏了他的相对论的优美。

其次是最为成功的量子力学理论所带来的困惑。

至今为此，关于物质由什么组成，是什么使物质结合成一个整体的最令人信服的理论，当属量子力学，量子理论被誉为是20世纪最为成功的理论。量子力学无疑是正确的，否则，我们今天所有的电子仪器，包括电视机、计算机、收音机、立体声系统等都将失去作用。它是这样描述我们所在的这个看不见的微观宇宙的：物质宇宙由原子和它的组成部分构成，大约有100种不同类型的原子或元素，是这些材料构成了所有已知物质形式，而原子则包含有原子核和绕原子核运动的电子，原子核又是由质子和中子组成。量子理论认为，力由交换能量粒子即量子产生，光由电子碰撞交换光子而来，不同的力由交换不同的量子所引起，其中电子和原子核间的弱力交换的是W粒子，把质子中子结合在原子核内的强力则由交换π介子的亚原子粒子所致，把质子、中子甚至π介子结合在一起的亚核力则是胶子。有科学家认为引力是由交换引力子形成，但是目前没有发现有引力子存在的任何相关证据，也有科学家主张引力是由静电产生，认为静电引力将取代万有引力来解释未来的宇宙与一切引力现象。另外，量子理论认为，人类不能同时知道亚原子粒子的速度和位置，即海森堡的不确定性原理，我们计算粒子在空间和时间中任意给定的地方出现的概率由概率波给出，概率波遵守具有明确意义的数学方程即薛定谔方程。

量子力学真正将上述微观宇宙所描述的除引力之外的三种力统一起来的是杨—米尔斯场。物理学家们认为弱力、强力也是由交换某种能量的量子产生的，由此，杨—米尔斯场已经建立了一种关于所有物质的无所不包的理论，因此被称为是标准模型，它可以解释关于亚原子粒子的所有实验数据，直到能量大约高达1万亿电子伏。但是，质子、中子和其他重粒子根本不是基本粒子，而是由更小的粒子夸克组成，而夸克又有36种，还有与之配对的反夸克，夸克又通过交换小的叫作胶子的能量包结合在一起，而对撞机在分解原子之后，在核废料中发现的各种神秘粒子就数以百计甚至难以计算，物理学家们不仅被淹没在这些粒子加速器中涌出的大量实验数据之中，而且还为这种量子理论的缺乏对称与美感而不满，因为仅夸克就有36种，夸克还须和反物质配对才可描述强相互作用，描述胶子的有8种杨—米尔斯场，描述弱力和电磁力的有4种杨—米尔斯场，描述弱点相互作用的轻子有6种，然后拼凑质量所需的粒子特别多而且还需要描述它们的常数，另外，用来描述粒子的质量和各种相互作用强度的任意常数至少有19个之多。

量子力学的"基本粒子"多得令人困惑不已，于是，就有科学家提出他们的设想，认为粒子根本不存在，每一个亚原子粒子都是一种以特有频率震动的特有共振，而这个共振的主角就是大小约为质子一万亿亿分之一的弦，这就是所谓的弦理论。另外，有人还认为光不是粒子，而是一种波。量子力学给我们描绘的微观世界的粒子究竟本原是什么，又是如何组合在一起，恐怕人类需要无限的时间去猜想和探知，但是至少在目前，即使被验证的量子力学带给我们的依然是无穷无尽的困惑。

科学家认为最简单的暗物质就是夸克，2002年欧洲核子中心成功制造了5万个反氢原子，反物质寿命已经达到了10秒，这使得科学家们得以成功地研究了反物质的内核结构。结果发现，反物质的内核和普通的物质内核并没有什么不同，只是内核外面的膜物质的转向不同，正是它决定了是正物质还是反物质。此外，人类对于真空的认识也有所改变，有科学家提出真空中有以太存在，后来，这个理论受到了否定，现如今，由于人类确定从真空中提取了能量，关于以太的研究就又开始死灰复燃，越来越多的人认识到，真空不空，真空是一种能量海，而且取之不尽、用之不竭。那些存在于真空内的旋转星球、电子和真空之间的作用又产生什么呢？据说这种旋转会产生扰场，而这个扰场波的速度竟然是人类已知速度最快的光速的10亿倍！

大小为质子一万亿亿分之一的弦也好，速度为光速10亿倍的扰场波也好，人类要想完全搞清楚或许还要等待成百上千年，毕竟物质粒子和暗物质究竟是怎么一回事还没有弄明白呢。

再次是量子理论和爱因斯坦理论的水火不容。

物理学所有的研究几乎都是围绕一个中心展开的，那便是力。在人类已知的四种力当中，量子理论统一了除引力外的其他三种力，而解释引力的则是牛顿万有引力和爱因斯坦的相对论,用科学家的话说,爱因斯坦发展了牛顿力学并将其推动到全新的高度。在量子理论和爱因斯坦理论中间,人们看到的是两种决然不同的东西,一个是用杨—米尔斯场来解释电磁力、弱核力和强核力,而牛顿、爱因斯坦却用几何学来解释力,当然主要就是引力,两种理论似乎只有在关于物质质量和能量转换这个著名的爱因斯坦方程 $E=mc^2$ 所描述的领域多多少少有些共通性,除此之外,两种理论完全是两回事。自然科学在解释力的最根本的研究领域出现了无法统一的或者说水火不容的两种理论,这是科学的最大困惑,因此追求量子理论和引力的统一,被称为人类历史上最大的科学难题,这道难题已经使100多年来全世界最聪明的科学头脑受挫,即便是今天的霍金致力于此项任务,那也仅是停留在猜想层面。量子理论从微观入手用场论的图景为人们描绘出物质的本来面目和根本规律,但是它却无法用于宏观去解释引力;爱因斯坦方程从宏观出发告诉世人,时空会弯曲并因此产生引力,宇宙起源于一次大爆炸,我们的世界还在持续膨胀,它除了给罗素带来绝望、为宇宙天文学中的局部现象提供解释依据之外,在宇宙起源时的极小距离和极大能量处都毫无作用,而且也无法用以解释自然世界与微观世界。

仅在牛顿引力和爱因斯坦的时空弯曲之间,尽管一脉相承,但是,爱因斯坦方程是建立在相对的时空基础之上,而牛顿则相信绝对的时间和空间,因此牛顿力学的基础是欧几里得几何学,而爱因斯坦理论则是建立在黎曼几何的基础之上,并据此相对的时空观而被称为是相对论。狭义相对论和广义相对论的区别就在于是否涉及引力即时空弯曲，广义相对论正是由于涉及引力从而开创了宇宙天文学。

然而，爱因斯坦的广义相对论以及由此推广而来的大爆炸、宇宙膨胀等理论，在科学验证方面尽管有与之相符的现象，但是与其相悖的也越来越多，这还是在科学界普遍认为的占据宇宙90%以上的暗物质、暗能量几乎一点儿也没有被搞清楚的时候。不仅如此，在哲学本原性思维与逻辑性方面，爱因斯坦的广义相对论同样存在众多悖论，就此在后面的章节中我们将作详细分析。

另外，今天的科学家在研究观测恒星的形成以及对于黑洞的理解方面，依然是百思不得其解。

长久以来，科学家一直以为太阳系的形成是由一颗超行星爆炸触发，但芝加哥大学的科学家通过对铁的同位素铁-60的研究发现，这个观点可能错误。原以为太阳系物质铁-60丰度很高，如果高就意味着远古太阳系附近曾经有一颗超行星爆炸，因为铁-60只能起源于超行星爆发。但芝加哥大学的科学家在测定铁-60的含量时发现，铁-60在早期太阳系内分布很均匀，且含量不高，认为铁-60可能来源于星际介质。但是，另一种元素铝-26的含量却高，铝-26也意味着附近曾发生过超行星爆炸。黑洞是至今为止最为神秘的天体，它具有恐怖的引力场，可将"路过"的恒星吸引吞噬，但是，在银河系中央一颗700万倍太阳质量的大黑洞附近2光年的地方，科学家却通过观测发现了明亮的大质量恒星。他们在这个地方的分子云团中发现了一氧化硅以非常高的速度在运动，并且出现向外的物质流溢，这种向外的物质流溢在恒星形成区域非常常见。大黑洞附近是如何形成恒星的呢？尽管天文学家给出了可能的解释，但是这个发现还是引发了天文学界的辩论。

霍金作为提出一种被称为"霍金辐射"的黑洞理论的创始人,最近却提出了惊人的言论,声称宇宙中没有"黑洞",只有"灰洞"。他认为黑洞其实是一个拥有极端物理环境的"灰色地带"。

根据经典黑洞理论,没有任何物质能够逃离黑洞,最终都要坠入奇点,那个理论上认为存在的黑洞核心体积无穷小、密度无限大的奇特区域。

霍金从量子效应的角度出发认为黑洞可以失去质量,黑洞的事件边界将会逐渐缩小到比视边界更小的范围,他认为视界边界应当被作为是黑洞的真实边界,但和经典黑洞理论中的视界边界不同,视界边界会最终消失。因此一些非常小的"迷你黑洞"可"蒸发"消失,黑洞在吸积物质后可通过量子行为向宇宙空间中释放出内部的质能和信息。

如果霍金是正确的,那么黑洞的核心甚至也可能并不存在所谓的奇点。但是霍金自己也不得不承认,要想真正解释这一过程需要一个新的理论架构,在其中有统一引力和自然界的其他基本力。但这个问题已经至少困扰了物理学家们长达一个世纪。到目前为止,这个问题仍然没有解决。

可以想见,作为基础科学的物理学都面临着如此众多的重大困境,其他自然科学的分支只能是紧随其后,而同为基础科学的数学也面临着向何处发展和解决什么问题的困惑。说到底,自然科学还没有发展到可以鄙视哲学的程度,至少在未来,哲学的本原性思维与逻辑性思维的精神还必须坚持。

第四节　宇宙的存在

　　科学的困惑已经作为一个不争的现实摆在了全人类的面前，随着科学技术的继续发展，困惑肯定会越来越多。当然，科学困惑的过程，也会是解惑的过程。未来科学面对的问题和任务将主要集中于那些目不可及的浩瀚宇宙与微观世界，基于猜想和绘景的理论以及所能给予它们的最大限度的佐证也将成为科学研究的主要内容，因此，科学之惑注定会变得更加难以解决。

　　尽管自然科学全然不顾哲学孤傲而自信地阔步向前，并且早就习以为常，大多数物理学家对于谈论哲学还是感到不舒服，认为哲学毫无用处，甚至有人先见地认定这二百年内世界出不了一个像样的哲学家。好些著名的科学家在他们科学和生命的衰退期，因为走入哲学和宗教的领地变得一事无成，于是操心哲学问题的科学家更是少之又少，但是，那些最伟大的最有成就的科学家还是勇敢地面对他们绕也绕不开的哲学问题，而且会长期受此困扰。

　　尽管科学的埋头苦干的工作习惯让从事这项工作的人们很容易忽视哲学所特有的思维和精神，尽管绞尽脑汁苦思冥想哲学命题的人们大多把注意力集中于人与人之间的关系问题上，更加注重眼前的实用，但是，作为迄今为止所知的唯一的智慧生物的人类，如果不能向着哲学起源时的圣人和当今科学巨人们所指引的遥远方向思索前进的话，人类智慧何以存在？人类智慧何以长盛不衰？

科学研究并为之困惑的宇宙存在，也是哲学家不停思考的宇宙存在，不仅如此，它原本还是哲学最核心的思想领地。然而，对于已然获得巨大成功和长足进步的科学及科学成就，哲学切不可像科学家们对待哲学那么漠视，哲学没有理由不去吸收这些成果，没有理由对这些科学理论及其思维逻辑熟视无睹。

哲学应当站在新的高地去思索我们所面对的这个宇宙的存在，它们何以在？以何在？何以以何在？

当然，今天从哲学角度思考宇宙的存在，没有必要继续停留在上千年以前的存在的概念、存在的本质、存在的质料和形式以及为什么确定这个存在概念等这些古老的命题上，也没有必要在是否可以确定以"在之中"作为存在者本质等抽象层面，跟海德格尔进行毫无现实意义的纠缠。站在科学巨人的肩膀之上，哲学一样可以自信而清醒地去深入思索宇宙的存在及其存在的形式，一样可以继续哲学所独有的本原性与逻辑性的思维，而且可能还是比较确定而不是模棱两可的或者玄妙不定的推论。

科学家推论或者说猜想我们面对的宇宙很可能不是三维的世界，连四维的宇宙都可能不是，甚至有人提出十维的概念，有的科学家认为宇宙不止一个，存在多个宇宙或者平行宇宙，其实，这是科学困扰的表现与反应。当科学面对已有的各种被验证为可信的理论成果时，不是感到每个理论都不尽完美，就是无法推广至所有宇宙存在的领域进行解释，或者说无法统一解释物理学中的所有力，科学研究者发现如果引入更高一个维度，情况就会变得容易很多，但是，更大的麻烦也就自然而然地出现了，那就是局面变得更加难以让人类意识去把控了。科学所惯用的实验验证即便是佐证或间接反应，也变成了一种空谈或者幻想，遵循完全不同的法则或者完全不同的时空概念的这类超空间理论，被一些物理学家推测为给我们人类这种智慧生命提供了一种逃亡的希望，甚至认为是唯一的希望，因为几乎所有的科学家都认可宇宙大爆炸理论，根据大爆炸理论，我们生活的宇宙一直在进行着无可挽回的持续膨胀，或者停止膨胀后的持续收缩以至崩塌，不论哪种情况，最终的结局就是彻底灭亡和消失，人类所剩的时间是有限的。

那么，存在于人类面前的这个宇宙真的是不止一个，真的是高维的吗？

这个宇宙就是通常说的可见宇宙，它既是自然科学面对的宇宙，也是哲学思考的宇宙，这个宇宙作为一个总的客观存在对应着我们人类的意识，尽管它变化无穷，可它时时刻刻客观地在那里，我们人类拥有意识地生活于其中，我们和其他在之中的万事万物共同存在于其中。

这个总存在的可见宇宙，对于我们人类的意识来说，其主要的内涵就是和我们人类同样的万事万物所赖以存在的空间，这个空间代表着总存在可见宇宙概念的主要内容及外延，除此之外，就是一切在之中的有形无形的万事万物。那么，这个总存在的可见宇宙到底应该是几维，究竟是多还是一？下面我们就从这个空间开始分析。

科学特别是物理学和数学，长期将宇宙的空间分为一维、二维、三维，并将时间引入三维空间成为现在大家普遍认可接受的四维空间，即通常所说的时空。那么，我们就先来看看科学关于空间的这种划分与定义。科学从哲学中分离出来，主要任务和目的是更专业地研究某一个领域的规律，即认识自然的具体规律，它们很多具体的做法都是为了方便意识的认知和把握，其中就包括点、直线、圆，以及数字0、1等，科学通过创建这些最为简单而基础的概念，然后进行叠加或逻辑结构化，使客观存在的现象能为人类的思想意识所掌握，但是，就像文字等符号一样，所有这些概念本身往往并不客观存在，空间的一维、二维实际上就是这种不存在，凭借现代人类所能掌握的知识，我们知道，即便是一点，哪怕再小的一点，甚至是物质粒子，它们都是三维的，只占一维或者二维的事物在客观上根本就没有或者根本找不出来，已知所有的事物如果它据有了我们意识所指向的那个明确概念的空间，则它无一例外地就是个三维的存在，具体的存在形式不仅本身就是个三维的结构，而且也是都在某个三维的结构内存在着活动着。因此，作为具体事物本身所占据的空间或者它们存在的局部空间，甚至扩展到我们现在所讨论的总存在的可见宇宙空间，一律都是三维空间，在这个三维空间内活动或者存在的万事万物便是对应着我们人类意识的那个空间，我们人类不仅按照这个空间内运行的规律存在生活，我们人类的精神还可以对这个空间以及存在于这个空间的万事万物进行一步步的认知，甚至在认知后进行改造。假如不是这样的一个空间，人类并不存在其中，人类意识也没有，在那样的空间，我们的意识如何对接对应呢？人类不在其中、意识无法对接的空间对于我们人类、人类的科学、哲学来说没有任何意义。那里只能是天堂、地狱之类的纯粹主观臆想的概念，没有三维概念的上帝、鬼、神之类的东西只能存在于人的纯粹思想意识之中，这些概念所指向的东西和我们现在所讨论的客观存在的宇宙空间以及存在于这个空间的东西完全是两回事。

总存在的可见宇宙也许边际难寻，也许它和其中的万事万物全都是超乎想象的奇形怪状，甚至变幻莫测，但是它们只能是一种三维的空间形态。如果不都是三维的空间形式，那么，万事万物无法成其为一种存在，也无法存在于宇宙空间之中，万事万物无法占据空间中的某个位置，宇宙空间也无法包含这些万事万物；如果不都是三维的空间形式，则人类的意识无法确定它们究竟是不是一种存在；如果是一种存在，人类意识就能够以三维的空间概念内容对接它们，并能够以人的视觉或触觉的信息内容理解它们。所以，可见宇宙和其中的万事万物别无选择，只能是一种三维的空间形态。假如同样性质的宇宙有很多但相互没有任何关联，那么，这些宇宙就都是人类意识可以理解和认知的宇宙，但是由于其他宇宙跟人类所在的宇宙没有任何关联，我们也就谈及不到其他了，所以总存在的可见宇宙只能是一个。假如许多性质相同的宇宙可以相互关联，那么这种关联必定存在空间概念的关联，因此，在空间上可以相互关联的所有宇宙实际上就是一个宇宙，这样一来，总存在的可见宇宙也只能是一个。

于是，很自然，有人会提出时间及时间加入三维后的四维空间概念问题，其实，这就又引入了另一个有关存在宇宙的科学理论，即创世理论。宇宙存在的创世问题同样既是科学研究的问题同时也是哲学的基本命题之一。人类自从有意识的那一刻起就一直在问自己，我们从哪里来又要到哪里去？随着宗教神学的上帝及诸多神仙妖怪逐渐从人类传统的思想概念慢慢淡去之后，人类在科学思想的指引下一刻也没有停止对面前这个宇宙世界的探索与思考：世界从何而来？宇宙又是如何诞生？类似的问题也就自然而然地被提出来了。那么，到底宇宙有没有一个起源？如有，宇宙起源于什么？

提及创世问题和宇宙空间中时间概念的引入，显然它们都是来自于由人类自身起源所联想到的宇宙起源问题的类推，关于这个问题我们应该这样理解，人类的认识都是由无知到逐步有知的过程，时间的概念和感觉更是如此，如果将人类意识当中某个非客观存在的不具有空间概念内容的东西作为认定客观事物的基础，肯定是不可靠的或者无法把握的。除此之外，科学家普遍接受的爱因斯坦广义相对论显然也正好迎合了人的这一习惯做法，这个理论认为，人类生存的这个宇宙开始于奇点大爆炸，随后逐渐向四周膨胀扩散，然后膨胀会反转成收缩，最终会像黑洞那样塌缩，一切就又回到那个开始的奇点，并且有可能如此反复。科学关于宇宙起源的解释与回答，要么是创世于一两百亿年前的奇点大爆炸，要么宇宙没有起源而是大爆炸与大塌缩循环往复。

虽然科学的大爆炸创世理论，看上去没有像其他任何创世理论那样因为被创世之前的发问而陷入悖论，但是，它却陷入了人类意识在空间概念上无法理解和接受的奇点、大爆炸、持续膨胀和持续塌缩的存在现象当中。

科学目前坚持的还是奇点大爆炸的宇宙起源之说，因为他们认为宇宙学已经不再是幽深玄奥的抽象哲学思辨，而是建立在天文观测和物理实验基础上的一门现代科学，他们坚信牛顿定律和爱因斯坦相对论的正确性。

关于宇宙起源的创始问题，1781年哲学家康德在他写的著名的《纯粹理性批判》中得出这样的结论：存在同样有效的论证分别用以支持宇宙有一个开端或者宇宙没有开端的信仰。这个结论他是简单地基于推理得出的，根本不管什么宇宙的观测。然而，现实中的许多科学观测也都证明牛顿定律和爱因斯坦相对论与其结果不符，甚至差距还很大，因而出现前面我们已经提出的和尚未提及的许多科学困惑。

如果往前追溯，诸如亚里士多德等，他们不喜欢宇宙有个起始的思想，认为这就意味着神意的干涉。他们宁愿相信宇宙已经存在了并将继续存在无限久，因为某种不朽的东西比某种必须被创生的东西更加完美。他们认为周期性洪水或者其他自然灾难重复地使人类回到起始状态。

生活在各个年代的人们，没有理由不去感激那些先哲们带给大家的神秘又神奇的智慧，同样也无法忘记所有勤于钻研的科学家特别是像牛顿、爱因斯坦那样的伟大科学家们给大家带来的生活便利，以及日益丰富日益提高的物质生活质量。因此，今天的人们以及他们的子孙后代都不可能去嘲笑他们的思想和理论，对于他们的思想和理论的功绩给予再多的赞赏似乎都不会过分。但是，我们不能由此而躺在先人思想和理论的温柔乡里并终日不起，那不是给予伟大思想和理论的赞赏，真正的赞赏不仅需要继承，更需要发扬光大。

既然当今的科学关于宇宙起源问题的研究存在困惑，普遍接受的理论又回避不了一个难解的悖论，那么，哲学的思维就不应该置之度外，而应该责无旁贷。理所当然，宇宙起源的哲学解绝对不能脱离现有的物理学成就，也不应该被这些科学界普遍视为真理的理论所束缚，还是那句话，真理需要质疑和攻击，因为没有永恒的真理。那么，从哲学角度怎么去分析这个宇宙起源的创世问题呢？

首先，我们来看看科学界的牛顿定律和爱因斯坦相对论，牛顿定律的万有引力定律现在已经被发现是有问题的，万有已经被证实不正确，而引力只是在表述我们已知的天体所具有或存在的一个现象，其中的力学原因解释不具有普遍适用性；而爱因斯坦的相对论特别是广义相对论，它的基础来自牛顿引力，根本的突破在于他把绝对的时空理解为相对的变化的时空，他和牛顿一样用几何学来解释力的形成，只是所用的几何学不同罢了。当今科学关于宇宙起源的理论都和爱因斯坦的时空有关联，离开爱因斯坦的时空观，宇宙时空不会弯曲，宇宙就不存在什么大爆炸，有爆炸顶多是宇宙局部空间或天体的爆炸，即便是天文观测辐射红移现象，也都会找到无数个针对性的否定和质疑，然而，除了前面解释过的空间概念外，剩下的就是三维空间被加进的这一维时间了。看来，问题的关键在于时间，也就是说，正确回答宇宙存在的起源与创世问题，必须给予时间概念一个正确无误的理解。

关于时间的概念以及时间和空间的联系与区别，我在已经出版的《灵魂与法则》一书第七章中曾经提及并作过简单理解，在本书下一章中还将继续深入解读。因为时间和空间对于理解宇宙和存在来说至关重要，如果理解有误将会导致根本性的错误。在这里仅简单叙述以期分析宇宙的起源本质。

时空概念中的时间，可以说比暗物质和暗能量还要不成形式，它无形无质，无影无踪，对于多少亿年也毫无变化的两块相邻的岩石来说，时间就是一种不存在，而对于只能拥有短暂一生的人类来说，时间均匀而持续地一往直前地流逝，假如没有人类或者假如没有生命意识，时间还会像其他存在物那样的"在之中"吗？回答毫无疑问是否定的，因为时间就和度量空间的米、尺、立方以及描述味道的酸甜苦辣，还有温度的度数、冷暖等概念一样，它们都是描述人类意识感知或者帮助人类意识去感知认知的概念，再往小范围说，时间就是跟远近、大小、温度高低的度数、味道的酸甜苦辣程度等相同的抽象意识概念，而这类抽象概念所包括的意思不是物质存在的本身，而是帮助人类意识认知和确定物质存在及存在的具体形式的一种具有协助功能的概念，其实质就是人类意识的一种认知尺度，有了这些尺度以及与之匹配的各种数量级别，人类意识就可非常方便地把握客观存在所带给我们人类感官的各种印象，除时间以外的其他这类认识尺度概念，它们大多直接描述意识的直观感受，而时间则不同，它被康德称为是先验知识，其实，更准确地讲时间也不是什么先验知识，时间只是描述某一事物、现象运动变化过程以及相互关联的不同事物现象间的因果关联关系的内容而已，更简洁地说，时间只是帮助人类意识去把握事物及事物间的因果关联关系，它仅仅只是人类意识当中帮助认知的一种尺度概念，其本身并不是一种客观存在。

  时间由于上述此种原因，本身并不是一种客观存在，那么，对于客观存在本身追根溯源地思考其最开始的起源问题，即考虑宇宙存在起源问题，也就自然成了一种多余，是一个不能成为问题的问题。因此关于世界之始、宇宙之源是不存在的，宇宙没有起源的问题，宇宙的存在本身没有时间问题，自然而然也就没有所谓的创世之说。

第二章
存在的形式

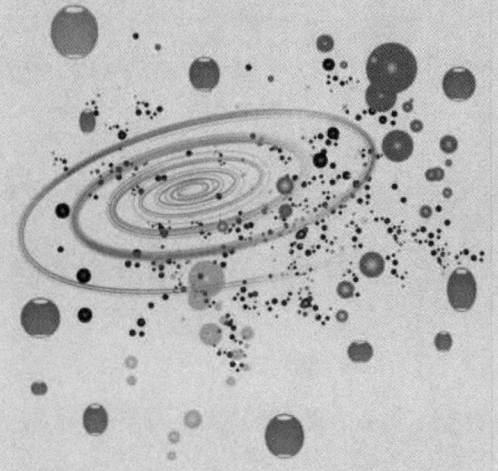

第三章
不思議な犬

第一节　存在及其形式

存在概念由哲学最早提出，它是基于思想以及所思之物而来，指的就是一切所是和一切所以是的问题，通俗地讲是不依赖于人的意识自己便能独立在那里并成为其自身所特有的各种本质和形式的集合概念。早期的哲学关于存在的思考主要集中在这两个方面：建立对应于人的精神、意识的存在概念，研究存在的本质形式，以确定存在的主观性或客观性。之后，哲学关于存在的思考远远不及社会伦理哲学那样普遍，似乎有意无意间人类在远离这个曾长期被视为空洞且毫无意义的形而上学，而将更多的注意力集中在身边的眼前的事物上，对于存在以及和存在相关的深层研究几乎是止步不前，只能远远地看着科学朝着存在和它所指引的方向狂奔而去。

关于存在的研究既是科学的任务，也是哲学的任务，因为人类的好奇心一刻不停地激励着全人类最智慧的头脑去思索：人类从哪里来？又到哪里去？我们面对的宇宙又是从哪里来到哪里去？所以，存在是哲学的存在，存在也是科学的存在。

科学的存在主要思考宇宙的存在，也就是：宇宙到底是怎么一回事？宇宙从哪里来？宇宙要到哪里去？主要有三种观点，即循环论、膨胀论和逆转论。循环论认为宇宙是轮回的，永远不会结束，宇宙始终处于从生长到消亡的循环过程中，大爆炸既不是宇宙的起点也不是终点，而只是宇宙不同阶段的"过渡"，现在的宇宙是在上个宇宙的尘埃中诞生的；膨胀论认为宇宙将永远膨胀下去，不断扩大，最终我们将看到星体会离我们越来越遥远，也越来越暗淡；而逆转论则认为宇宙最终会变成一个点，认为宇宙的膨胀速度不仅会减慢，而且会逆转回去，将所有的物质挤压，最后浓缩成一个点，并在剧烈的大爆炸中消亡，宇宙消亡的时间还有不到200亿年。

关于宇宙目前的存在形式，科学界传统认为宇宙是由物质、能量、时间和空间组成，而现今的科学界根据天文观测和天文物理知识，比较认同另外一种观点，认为宇宙的组成包括普通物质、暗物质和暗能量，而且还提出了这三种东西在整个宇宙中所占的比例大致为5%、25%、70%。就这两种科学观点而言，关于宇宙的存在问题的看法不一致，时间和空间的概念也不一致，另外，后者还将能量包含进普通物质概念当中，其原因就在于暗物质和暗能量概念的提出，以及科学观测所发现的和牛顿、爱因斯坦引力理论不符的天文现象所给予的间接证明。可见，在存在问题上，科学界的确遇到了矛盾和困惑，新的理论有时和观测结果相符，旧的理论有的也可以应验。爱因斯坦自己曾提出暗物质概念，但一想起自己的相对论和弯曲时空，便又否定了暗物质的存在。科学的矛盾与困惑还会长期出现，这是因为宇宙的存在复杂得超出想象，另一方面，人类的智慧和认知也有一个发展的过程。

时间和空间问题对于存在来说是无法回避的一道槛，不仅是因为上述科学界的不确定性，哲学关于它们的认识也实在是太过浅显和简单。费尔巴哈和恩格斯就曾这样武断地认为：空间和时间是一切实体的存在形式，只有在空间和时间内的存在才是存在，一切存在的基本形式是空间和时间，时间以外的存在像空间以外的存在一样，是非常荒诞的事情。在他们俩看来，实体就是存在，那么这个实体是不就是所有存在，即存在是不是实体？显然，他们概念模糊。另外，作为一切实体的基本存在形式的时间和空间，能够概括实体的全部存在形式吗？或者说还有没有其他基本存在形式？两位哲学家给大家的回答估计是否定的。如果答案是否定的话，那么仅有时间和空间这两种存在形式，实体又是如何展现自身的实体存在的？仅凭时间和空间的概念，我们人类的意识可以把握实体的存在吗？康德在时间这个问题上应该是聪明的，他仅从人类自身意识出发，而不考虑概念所对应的客观事物，认为时间是人的一种精神意识，而且是生来就具备的先验知识。然而，不论时间是否为一种先验的精神，康德还是没有解决相对于客观存在而言的那个时间，即时间对于存在来说的全部含义。[①]

爱因斯坦则这样理解时间：对我们这些坚定信念的物理学家来说，过去、现在和未来的区分是一种错觉[②]，尽管这是一种持久的错觉。时间如果被爱因斯坦理解错了，那么人类只是虚惊一场，假如爱因斯坦的时间概念用来解释人类的意识，那么人类全部知识、概念就都有可能是

[①] 参见潘可礼：《社会空间论》，中央编译出版社2013年版，第49－52页。
[②] 参见加来道雄：《超越时空》，刘玉玺、曹志良译，上海科技教育出版社1999年版，第267页。

错乱的！因为时间是人类意识用以认知事物的一种概念工具，工具是错觉，用错觉工具认知和确定的概念全都有可能是错乱的。

除了时间和空间概念以外，已有的存在问题，无论是科学意义上的还是哲学意义上的存在，对它来说还有一个重要的核心的问题就是存在实体本身或存在的自身。当然，关于存在本身的思考，哲学在过去长期集中在存在的本质及质料概念上，传统的形而上学认为离开本质、质料，存在及存在的实体无法成为它自身。

而科学关于存在自身的研究则主要是基于物质组成粒子的不断探索和认识，因此，科学的存在就是物质、能量、空间、时间、暗物质、暗能量等这些被科学界认为是组成宇宙存在的东西的一种集合存在，而科学的存在实体则是物质具体形态及其构成元素和粒子。可见，科学在研究和探索的是一种终极存在，这是科学的目的，也是符合人类终极欲望的目标。

关于存在实体、存在自身的思考和认识，科学界的观点可以将普朗克的看法作为一个代表，普朗克作为量子物理重量级的科学家，他在研究组成物质原子的结构与特性之后得出的最后结论是：世界上根本没有物质这个东西，物质是由快速振动的量子组成，有形无形的都是不断振动的能量，两者的分别在于振动频率不同，因而产生不同意识或形式的不同物质，如人的思想、感觉和意识，振动频率低的成为有形物质，如桌子、人体等。普朗克认为，人同时存在于两种不同的世界，头上顶着高层次的灵性世界，脚下踏着物质化的实体世界，人既是肉体也是灵体，灵性和肉体并非毫不相干，因为物质即是能量，有形无形的皆是不断振动的能量，两者的分别就是振动频率不同，因而产生不同意识或形式的不同物质。

当今科学在它取得巨大进步和成就的基础上，如此来看待时间、空间和被称之为物质的存在事物本身，那么，今天的哲学又应该如何看待呢？毫无疑问，哲学必须重视科学已有的科研成果，也不能忽视此前哲学关于存在的认识，更不能丢弃哲学的核心精神来思考这一问题。关于时间、空间的分析将在本章中分别单列一节来进行详尽阐述，在这里，我们且来仔细研究一下存在及存在实体自身的特性及其形式问题。

在全面系统地分析研究存在及其形式问题之前，还是先来看看先哲们的相关认识，这样将有利于今天的人们全面地把握存在的含义与实质。

巴门尼德关于存在的理解可以表述为这样一句话：唯有人类理智形成的那个仅仅在人的心灵中有其存在可能性的最抽象、最空洞的存在范畴是真实的存在，而除此之外所有的现实存在的有生有灭、有动有静的存在者因此而统统成了"非存在"。[①]

在这方面，柏拉图的主要思想是理念论，他一方面主张"理念"和"理智世界"的实在性，另一方面又强调"理智世界"与"可见世界"的对置，同时，柏拉图为解释这两个世界之间的因果关系提出了理性科学的辩证法，在他眼里辩证法是最高的学问，是摆在一切科学之上作为一切科学的基石或顶峰的第三哲学。[②]

亚里士多德认为，存在即是实体，这个实体的含义有两个层面——

[①] 参见托马斯·阿奎那：《论存在者与本质》，段德智译，商务印书馆2014年版，附录一的部分内容见第76页。

[②] 参见托马斯·阿奎那：《论存在者与本质》，段德智译，商务印书馆2014年版，附录一的部分内容见第77页。

"是不是"和"是什么",前者关系存在,后者则关乎"其所是"即存在的本质。这就是亚里士多德的第一哲学即后来所谓的"形而上学",他将其界定为"一门研究所是的东西自身以及出于它的本性的属性的科学"。①

对巴门尼德、柏拉图和亚里士多德来说,存在和本质之间没有什么分别,本质即是存在,存在亦即本质。而阿尔法拉比则与此不同,认为本质和存在是不同的,本质不是存在,也不包含在它的含义之中,同时,存在也不包含在事物的本质之中,否则存在就是构成一个事物的性质。阿尔法拉比的观点引发了两个问题,一个存在者的存在与存在者的本质究竟是一种什么样的关系,另一个是存在者何以存在。对此,他本人认为,存在只不过是实体的一种"附属偶性",而非"本质属性",存在和本质是两种东西,既可以结合在一起也可以分别存在,存在又分为偶然存在和必然存在,偶然存在由于本身既是起因又是结果所以不可能走到"无限",也不可以循环往复,最终必定归结到一个必然存在上面。②

阿维森纳将阿尔法拉比的必然存在分为两种,一种是"因自身而必然的",另一种是"因他物而必然的",前者的存在与本质没有分别,而后者和可能的存在则在存在的本质间有分别,且均由因自身而必然的存在者产生出来或创选出来。他认为,本质不是决定存在者之存在的东西,而是存在自身决定的东西,同时,阿维森纳从认识论角度强调,存

---

① 参见托马斯·阿奎那:《论存在者与本质》,段德智译,商务印书馆2014年版,附录一的部分内容见第84-85页。
② 参见托马斯·阿奎那:《论存在者与本质》,段德智译,商务印书馆2014年版,附录一的部分内容见第86-87页。

在者与本质是理智的原初概念，离开人对现实存在者的感性知觉，我们就不可能获得任何普遍概念和任何知识。[①]

托马斯·阿奎那认为，本质内在地真实地存在于实体之中，而不论是单纯的还是复合的实体。他从属相和种相角度理解本质，认为事物是借着它的本质而成为可认知的，并借此被安排在它的种相或属相之下，而自然实体不仅蕴含有形式，而且还有质料，因此，本质蕴含着质料和形式。

海德格尔在他的《形而上学导论》中指出，究竟为什么存在者存在而无反倒不存在？这是问题所在。他和尼采都极力反对此前哲学家所处理的存在，认为那都是停留在概念和逻辑层面的认识和做法，哲学领会存在问题不要靠把一个存在者引回到它所由来的另一个存在者这种方式，存在者完全可以在它的存在中被规定，而不必已经有存在意义的明确概念可供利用。海德格尔认为"在之中"不是一个现成东西在另一个现成东西"之中"的那种现成的"之内"，"在之中"不是现成主体的一种性质，即这种性质可通过别的现成存在而开动或引发，"在之中"就是存在者本身的本质性的存在方式。在海德格尔看来，"存在"是"最普遍的概念"，"存在"这个概念不可定义，"存在"是个自明的概念，因此存在问题是没有答案的。在解答存在的意义问题的基础上，一切存在论问题的中心提法都植根于正确看出了的和正确解说了的时间现象以及它如何植根于这种时间现象。[②]

[①] 参见托马斯·阿奎那：《论存在者与本质》，段德智译，商务印书馆2014年版，附录一的部分内容见第89页。

[②] 参见托马斯·阿奎那：《论存在者与本质》，段德智译，商务印书馆2014年版，附录一的部分内容见第95页；罗伯特·艾伦：《哲学的盛宴》，刘华编译，新世界出版社2013年版，第303–304页。

存在论是哲学最核心的内容，今天的哲学不能避重就轻；存在论是哲学中最艰难的领地，今天的哲学家不能对科学的已有成就置若罔闻；存在论不仅是哲学的古老命题，而且是当代科学面临困惑时无法回避的问题。存在既是哲学的存在，也是科学的存在，关于存在的思考，人类不可能停止脚步，但更需要的是不断更新地适应人类认知发展的进步，因此，今天的哲学研究者应该责无旁贷。

自然科学特别是物理学中有许多名词概念和我们现在所要探讨的存在相关，比如实物、物质、空间、时间、能量、暗物质、暗能量、终极物质等，它们不是表示自然界客观存在的人类肉眼可以识别的具体或抽象的存在物，就是被物理学家用来表述宇宙组成的某一类别的客观存在事物，剩余的只有表示宇宙自身和自身部分的空间概念，以及表示存在物或事物变化发展过程的时间。除了时间概念以外的物理学中这些和存在有关的概念，在涵盖我们现在所说的哲学与科学的"存在"概念中，拥有一个共同的内容，那就是不依赖人类意识本身便自然地在那里，这种"在那里"的意思不仅指形式而且有自己本质的东西和内容。

哲学中表示存在及与存在相关的概念有：存在物、存在者、存在的实体、存在的本质、存在的形式等。既然我们说哲学的存在就是科学的存在，那么，我们且来将这些哲学中的概念和科学中的概念进行比较分析。哲学概念中的存在物、存在者和存在实体，很显然完全可以被科学概念中的实物、物质全部概括进去，其中，物质的内容还要广泛得多，存在物、存在者和存在实体其实就是今天科学所说的实物，当然这种实物还应包括习惯思维不包括的那些不成形的实体物，如空气和水等这一类的，但不管怎样，科学概念中的物质完全足以包括过去哲学中的存在实体物、存在者的概念，不仅如此，物质还包括了其他的内容，即一切由元素和粒子所构成的东西均为物质，这种被称为物质的东西还包括构成物质的粒子本身，因为，物质和物质粒子在科学家的眼里不论它们终极构成是什么，但在现实世界中，它们都作为实实在在的东西存在着并发挥着各自不同的作用。因此，今天我们在哲学上如要统一哲学和科学的存在概念，存在物、存在者和存在实体这些概念完全可以弃之不用，用物质概念就足够了。

但是，物质这个概念依然不能涵括所有的存在。我们今天探究存在和存在的意义，不只是为了探究哲学和科学的存在概念本身，哲学和科学共同的任务，就是朝着宇宙本来的真实面目即终极存在去思索前进，那么哲学和科学所需要的那个存在概念，就注定要摒弃人类意识认知的缺陷和不及之处，考虑那种不依赖人类而自身独立存在那里的一切存在事物，显然符合这样一种要求的存在事物远不止物质这个概念，科学中能量、空间、暗物质、暗能量概念完全符合这个要求，故能量、空间、暗物质、暗能量也是一种存在。

由此，我们很自然地联想到几千年来哲学所讨论的存在的本质，除了表述符合存在概念所要求的这个不依赖人的主观意志而独立存在那里的意思之外，还有什么其他更多或更贴切的含义吗？存在的本质就应该是存在所应具备的共同的、一致的那个要求，那个要求很简单，就是在没有人类的情况下它是否还会实实在在地在那里，如果那种实实在在地在那里，不仅不依赖人的意志而且它现实的某个瞬间在那里是客观的，不依赖其他任何东西，除了空间（因为空间就是宇宙或其一部分），我们所讨论的存在均为宇宙的存在，所有的存在皆在空间的某一处，那么它便是一种存在了。

因此，存在的本质应当是，自身具有的不依赖人类意识而且在现实存在中不依赖除占据一定空间以外的任何其他实物独立客观地在那里。按照存在的本质去认识各种存在，那才是现实中实实在在的存在、独立的存在、没有遗漏的存在。认识世界的真实面目，首先要认识符合存在的本质条件的存在事物，然后在不同的存在事物中寻找它们"何以在""以何在"，这才是人类哲学和科学思维的正确方向。

按照存在本质的这一要求来衡量，空间，特别地作为某个具体的存在物所占据的固定的、具体的空间，也是一种存在，当然空间是一种特殊的存在，因为存在物除了自身所占据的空间外，它运动、变化所涉及的活动空间，以及作为整体的宇宙空间，是所有存在所共同依赖的存在。能量的特性和空间基本相似，而且和空间具有密不可分的关联，能量的所有转换不仅离不开空间或者说是在空间中进行，能量的变化有时还会引发空间位置的转换或者空间形态、密度等的变化。暗物质、暗能量，如果有一天被证实存在的话，那么依据物质、能量的特性，对照存在本质的要求，也将是一种客观存在。唯一值得另当别论的科学概念只剩下时间，简单说，它似乎不符合存在的本质要求。本章中的下节我们将就空间、时间专门进行讨论。

那么，需要着重分析的就是哲学概念中存在的形式的问题了。

什么是存在的形式？存在的形式应该就是作为各种各样的存在或存在物所赖以存在的各种各样的形式。存在通过存在形式而确立其自身的存在，有存在必定有其存在的形式，而且属于不同存在的存在形式往往具有其独特的形式或特征，同时，人类的意识也往往是通过现象看本质、通过形式看存在以及存在的本质，确定地说，人类意识就是通过存在形式所具有的存在本质内容来确定它是否属于一种存在。换句话说，如果不具备自己的存在形式，它就可能不是一种存在，比如时间就属于这种东西，前面我们分析的存在物、存在者、存在实体以及物理学中的物质，它们的存在形式就是各种有形无形的实在物质，比如树木、岩石、空气、水、星球等，也就是说，作为总体上的物质的这种存在，它的存在形式便是各种不同类型的由粒子组成的具体物质形式，这些具体物质形态本身即是存在，也是存在形式，但作为一个抽象总体的物质来说，具体物质形式全都是物质的存在形式，这些存在形式一个共同的特征就是全部由粒子组成。

对于构成存在物质的粒子而言，有分子、原子、电子、亚原子粒子等不同种类和不同层级的粒子，甚至有科学家认为粒子也不存在，只是能量的震动，或弦的振动，但是在人类未来的数以千年计的时间之内，能够成为今天哲学和科学的共指的存在，粒子恐将无物可及地成为最实实在在的存在或基本存在形式。那么，我们且将由粒子构成的一切存在形式的物质，看作是存在，也看作是存在形式就没有什么问题了。由此我们不难去联想，所有事物变化发展的过程中所展现出来的所有存在形式，有的是因，有的是果，因和果又成为别的存在或存在形式的因，以此类推，人类为之探索的真理就在这个因果当中，如果我们追根溯源所有不同层级的因，人类的意识很容易便感知到这种存在形式层级的无穷无尽，人类不禁要问，那个终极的因是什么？那个终极的物质粒子、弦或能量又是什么样？有没有终极的存在？

人类长期以来所形成的思维喜好即意识习惯，认为世界有终极的因，有终极的存在。假如世界没有终极的一个因，那么世界终极的因就会是多个，多个终极的因相互之间循环转换，也许作为终极的因多得超乎想象，但有一点可以确定，在众多的因之间，相互关联的因与果的联系注定存在，由于这种因果律的天生而在，世界才如此千变万化。

现有科学研究的成果给我们描绘的宇宙存在，应该更加接近于一个终极为多的世界，而不是一的世界，因为世界如果是一，那么，一又是从何而来？如果世界不是一而是多，就会因多与多的混杂和转换而共同存在，一切就都在变化之中和转换之时，这种变化和转换使得存在成其为存在，并始终无法成其为一。那么，这种存在的变化转换过程就是因与果的关联过程，也就是存在的终极形式，只不过这不是一个具体的形式，而是一个总的抽象存在形式。

除了物质以外，能量、空间、暗物质、暗能量等的存在，在科学已知的它们和物质的不同的关联中，已经显现了世界终极的存在（存在形式），不是一而是多。

人类意识通过现象看本质，通过存在形式探究存在本质，探求那些可能成为的世界终极存在，因此，我们在研究存在和存在的形式时，主要是通过存在形式来分析研究另一存在形式，找出它们之间的因与果，摸索出各种各样的因果律，进而探求那些尽可能的终极的因与终极的存在，以期逐渐实现人类认知存在的世界，和更好地依照自己的思维任意性去改造这个存在的世界。于是，研究哲学与科学的存在，追根到底还是离不开我们人类自身的意志与精神。

那么，与人类意识有关或直接由人类意志创造出来的那些存在形式，是不是真正的存在形式呢？比如科学中所说的力和时间。这里我们就分析一下力。

首先，我们可以确定力不是一种存在，客观世界中根本没有力这样一个独自的不依赖别的存在物而存在的东西。力也不是物质的一个存在形式，力是在两个以上物质之间产生的能量转换或空间转换。其次，力是人类在描述自己肉体在受到其他物质运动即空间变化或能量转换时所感受的一种被动感觉，或者是在人为迫使外物改变空间位置或进行能量转换时所需耗费自身能量的感觉、感受，说白了，力本是用来表达人类自身感觉的概念，客观世界本身并没有力这样的天然地就在那里的东西，所以作为物理学研究的核心问题的力，本身不是一种存在和存在的形式，力只是一种现象或人类的一种意识感受，如果用力这个不是一种存在或存在的形式的概念（或现象感受），去诠释其他存在或存在形式，有失真相或真谛就不是一种偶然，力最多是无数存在或存在形式间无数个因果关联中的一种关联关系，自然科学从追根溯源的思维出发，应该对此有所意识。

第二节　能　量

力作为科学研究的核心，本身并不是一种存在或存在形式，力主要是一种存在或存在形式所展现给人类意识的现象和感受。但是，作为产生力的动因或者力的现象参与者，能量则是一种存在，和物质一样，能量也是一个抽象的概念，能量和物质都是一种基本的存在，我们知道物质的存在有各种具体的存在形式，那么，能量的存在形式呢？

人类所感知的能量的存在一大特征，就是它必须依托物质才能展现存在，但这种依托关系却不是简单的被动依靠，也并没有因此而成为物质的一种附属现象，相反，能量在依托物质而存在的同时，还能创造、改变各种具体物质形态及其存在的形式。换句话说，物质当作为不是一个空洞的概念而作为一个实体物时，其存在及存在形式完全脱离不开能量。在人类尚未掌握暗物质、暗能量特性以及能量、物质、暗物质、暗能量和空间的全部关系之前，人类无法设想离开物质具体的存在形式，怎么去理解物质，怎么去理解能量。

对于现在我们人类所创设与理解的物质及能量概念来说，如果设定物质是一种存在，那么能量毫无疑问也将是一种存在，物质和能量都是基本的存在，但却不是同一种存在，物质和能量显然又是一种共在的存在，缺少任何一方，另一方便无法存在。

假如客观的宇宙世界没有物质及能量这两种存在形式的集合与同类，那么我们所创设和理解的这两个概念就是一个错误；假如宇宙世界的存在形式可以被分为物质与能量的两种集合与类别，那么我们基于这两个概念的目前的理解就没有问题。现在，我们就先基于后者来分析一下今天人类关于这两个存在形式的理解与认识。

如果我们认定量子物理所构建的粒子和标准模型的粒子场属于物质这种存在的本质特征的话，那么能量这种存在的共同本质特征又是什么呢？直接、简单地回答这个问题似乎有难度，因为在解释能量所表现的力即科学所说的四种力的现有物理理论中，没有一个能够统一所有这四种力。物质的上述的存在本质特征即量子物理所描述的物质存在形式可以解释电磁力、弱核力和强核力，但引力却解释不通，反过来牛顿和爱因斯坦所解释引力的理论也不能用于解释其他那三种力。

针对量子物理所描绘的物质本质特征，能量是由构成物质原子的电子、原子核内质子和中子相互之间碰撞交换不同能量量子所引起的，其中的量子有光子、W粒子、π介子，而把质子、中子甚至π介子结合在一起的综合力则被称作为胶子。按照这种理解，能量的本质似乎就是物质粒子。反过来也可以理解，物质这种存在的本质就是能量，于是，物质与能量这两种不同的共存的存在，似乎是用一个模糊概念去解释另一个模糊概念，甚至可以干脆就将物质和能量看成是一个东西，比如普朗克就说根本就没有物质这个东西，物质是由快速振动的量子组成，也就是不断振动的能量。

可是，如果我们回到可见世界特别是宏观宇宙中的天体，引力的引力子或者说引力的那个量子能量包又在哪里呢？我们不能说天体物质的本质就是引力、引力子或引力能量，也不能说天体物质间引力这种能量的本质是被交换的能量量子，因为，它和谁交换呢？交换什么呢？

量子物理所描绘的微观粒子的结构或者说以杨—米尔斯场所代表的模型场来说，基本上是不值得怀疑的。但是量子物理关于粒子碰撞交换能量包，或者说不同粒子之间的结构由量子来约束和构建，等等，这样一些进一步的解释，由于引力的例外缘故而变得很难理解。

今天的科学几乎可以一致确定，天体物质即天体系统与星系的本质形式其实就是能量量子、物质粒子所共建的那个场，自然观与微观的物质存在形式的核心内容也是那个场，没有共在互存的场的形式，抽象的存在就没有具体形式，存在也就无从存在。那么，场是什么？在这样的场之中，又应该如何理解能量这种存在形式的本质呢？

对于用物理学或几何学的方式来看待的微观物质粒子之间的存在关系的内容而言，如果放大到宇宙天体之间来说，不只是有着惊人的相似，而且在实质上完全相同，尽管它们分属于不同层级的存在形式，所有的存在形式均是以场的形式内容出现，这种场的核心内容就是空间的局部相对性。因此，场不是一种存在物，而是存在形式的空间内容形式，其实质就是存在的空间性质。

也就是说，如果我们暂时不考虑物质与能量这两个概念的区别，将它们视为一大类存在形式，那么，宇宙世界的存在形式在微观、自然观以及宏观世界的内容与本质没有什么区别。哲学不可能如此简单抽象地就统一了物理学的四种力，但是，存在形式之间存在关系的本质还是可以概括为存在形式的空间内容与性质的，具体地说就是空间的相对独立性，即场的形式。

但是，如果按照物质与能量的划分来分析，能量像物质那样客观地在那里，而且今天的人类理解到的能量还会通过不同形式进行相互转换，爱因斯坦那个著名的质能转换方程也可以证明，那么，我们又该怎么具体去理解能量呢？

如果我们不把能量看成是物质粒子或宇宙天体那样的存在形式的存在，我们是不是就会少了很多误解和迷惑？假如我再进一步，干脆把能量就看成是物质粒子之间那种空间位置的存在关系，以及它们集合后所形成的那种集合空间位置的存在关系，看成是某种客观的甚至是复杂而丝毫不简单的某种关系本身，那么，我们假设能量不存在而出现的统一与和谐，就没有任何障碍了。

我们回到科学关于能量的种类及形式的研究，像动能、静电势能、静磁势能、强力势能、弱力势能、电磁能和质能等，我们已知的所有这些非引力能，都可以还原为广义的位能，能量就是广义空间的位，而能量守恒性就来自广义空间的连接性，广义空间则是各种类型的位的自由或规律性的集合。这个位能我们可以理解为其中物质的速度、距离、相对位置、频率等，有构成具体物质形态的综合力的位能，也包括分开具体物质形态的反位能，再将这些具体的概念所指的东西放大，那么，在集合状态下，宇宙天体间的引力能，也就成了一种集合位能与反位能，在天体与天体甚至天体系统之间同样也会出现与此相关的聚集与扩散的位能反映。根据这样的理解，我们便发现能量这种可以被视为广义位能的东西，实际上是在叙述物质与物质之间的空间位置关系。社会科学中所说的社会分工及在其位谋其职的这些理念，好似在自然科学中照样运用，我们理解的属于位能的所有能量形式，就应该是在其位谋其力。

现在，我们就可以用这样一句话来表述能量这种被视作存在关系的存在本质了：能量的存在本质就是确定各种物质存在之间各自所处空间位置的客观关系的存在。各种物质包括粒子间也包括天体间，由于它们在构建或离散不同的物质具体形态甚或系统中，需要确立不同形式的不断变化的空间位置形态，就需要不同形式的能量，空间位置的客观要求和客观关系，就是一种存在，这种存在也就是我们所说的能量。

也许，在客观存在的存在世界，那种客观存在的存在关系也未尝不可是种存在，甚或最基本的存在。在科学发展的今天，假如我们将物质粒子视为存在，那么，就完全可以将粒子与粒子之间那种构成共存的关系统称为另一种关系存在，能量就是所说的这种关系存在。也就是说，展现于我们人类面前的存在世界就是这种物质存在与物质存在之间存在关系的存在，世界就是个存在及其存在关系共同交织的世界。

也许人们很容易理解社会领域所说的那种良好的社会关系所带来的感情感觉即精神意义的正能量，以及与此相反的负能量，那是基于不存在的事物，社会关系和精神意义的正负能量可以在非存在领域很轻松地便构建起某种必然的联系，然而，无论怎么说，那都是建立在人类精神平衡法则基础上的概念，但即便在这样的概念基础之上，社会关系和人们内心所称的正负能量也只是某种关联，而不能被视为一种存在。

存在关系客观上确实存在，能量概念所指向的内容确实比物质概念更为确切也更能表现为这种存在关系即空间位置关系或存在的空间形式及性质，但是，如果仅作为一种纯粹抽象的关系概念，是不能被认作为一种存在形式的，尽管我们过去那种认为不依赖人的意志而存在的东西皆为存在，但是作为宇宙世界的具体的存在形式，它本身必须具有这种空间内容与性质，我们才能称其为真正的存在形式，所以如果能量仅仅是一种存在关系概念，就不可能是某种具体的存在形式。

宇宙世界存在的存在关系就是空间的内容与性质，一切具有空间的内容与性质的存在物才是所有存在者的本质，只有这样，它才可以在那里，在某个具体的空间位置并占据着某个具体的空间体积，以及在某个具体的场之中，也只有这样存在形式才可以与其他存在形式实实在在地互存共在。

因此，如果能量是一种与物质并列的存在形式，我们除了了解到它比物质更具有展现存在的空间性质之外，有必要继续深入分析一下能量如果作为占据一定空间位置和体积的具体存在形式，会是什么样子。

我们先来看看爱因斯坦那著名的质能转换方程。这个方程将质量等同于物质存在形式，认为物质以质量内容和能量对等，原子核裂变释放出巨大能量就是它的实验验证。但是，如果从哲学角度分析，质量是什么？它是不是一种存在形式？质量能不能等同于物质？很显然，哲学不能认可质量是一种存在，质量不能等同于物质，质量和体积、温度等描述物质具体形态特点的概念一样，它只是物质存在的诸多内容中的一种。物质这个东西具体由什么样终极的东西构成又是怎么构成没有确定，而质量更多意义上是用来描述这种没有确定的物质的一种概念工具，为了把握物质在意识中的确定含义，质量、体积、时间、距离等概念都被人类精神人为地创造出来，不仅创造出来，而且是人为地以某个特定的东西（即引力质量）为参照并通过将其与意识相比较而确定下来的。

可以想见，科学正因为将物质以质量来等同对待，才将物质视为能量的。其实，在物质、能量这两种存在形式当中，我们可以清楚地看到两个概念之间的差别，即能量更能体现存在的空间体积和位置的性质内容，而物质则好像是那个多种终极存在因子的总称呼，并且在包含能量之后可以以某种集合体或场的形式展现为物理学称之为物体的存在形式；另外，物质与能量这两个共存的存在，又和空间有着难解之缘，空间既是能量和物质共存的载体与平台，空间又是在决定能量及物质空间位置关系中成为一种直接的决定因素和结果反映，在不考虑像暗物质、暗能量等之类的其他存在形式情况下，物质、能量和空间作为基本的抽象存在而存在，也作为具体的存在形式而共同存在。

  物质及物质与能量结合的具体物质形态（主要表现为物体形式）作为存在的形式，它们独立存在或共同存在，或者存在形式的任何变化，都会涉及能量这种共同的存在，能量这种存在的本质特征就表现在物质存在形式的产生和变化的作用方面，仿佛能量既是胶合剂，让物质成型，又是推进剂，让物质成型后可以运动变化，同时还是离散剂与溶解剂，可以让物质分解散开。

  我们就拿粒子的存在形式来理解，假定电子是不可分的，电子围绕原子核运动的这样一种一个围绕另一个运动而存在的存在关系，就是能量的本质，这个本质的主要内容就是电子这个物质和原子核之间的一个绕着另一个运动所展现的空间位置关系，这样的一种空间位置关系对于相关的两个物质来说，它的实质和本质又是什么呢？显然，这种两个物质所展现的空间位置关系所能涵括的核心内容与本质，就是它们何以能以这样的空间位置而出现，以及何以保持这样的空间位置，还有就是何以改变或解散这样的空间位置关系，这三个"何以"的全部含义便是物质粒子这个层级的存在形式所伴随的能量这种存在的存在形式的全部意义。人类的现有知识就将这种确立、保持、改变或解散空间位置的能量理解为两种力，一个是原子核的引力，一个是电子的离心力，或者说，一个是两个物质间确定固定位置关系的结合力，一个是两个物质分崩离析的离散力或逃逸力，即理论中的结合能、逃逸能，或者称为位能与反位能。如果说物质有各种不同的或不同层级的存在形式，那么从根本上说，能量的这种结合力与离散逃逸力区分，即结合能与逃逸能，或者位能与反位能的区别，应该就是能量这种存在形式的两种基本形式。

现在，我们弄清楚了物质与能量的区别，知道能量的实质内容表现为各种存在形式之间的存在关系，即空间位置关系与空间体积形式，据此我们分析能量有两种基本形式。下面，我们就可以继续思考和想象，如果能量是像物质那样占据一定空间位置和体积的存在形式，将会是什么样子。

就我们现有的认知水平而言，宏观层面的能量形式对于理解这个问题似乎没有任何意义，在微观层面，如果能量要占据一定空间位置和体积，它只能像物质粒子一样是个粒子形态，比如光子，那么，这种粒子形态的能量应当是个立体的，否则自身无法占据空间位置与空间体积。另外，能量的本质所表现的具体内容形式当中，结合力与离散逃逸力区分，即结合能与逃逸能，或者位能与反位能，这个问题对于粒子形态的能量来说又该怎么理解？

我们是否可以这样来设想：作为粒子形态的能量粒子，不管它具体形式和种类如何，首先它自身必须是立体的，从而可以占据一定的空间，也许，空间就是由它们组成并撑起的，同时，作为自身成为空间组成元素的能量粒子，它的性能即作用方向一定是向四周直线散射的方式，这个能力得以让空间出现，同时又保证由其与物质共同组成的具体物质形态各自拥有自己相对独立的空间，既保持各物体间的间隔而不至于压缩在一起，又可以让所有物体能够游离于空间之中，这种能量就是上述的离散逃逸力，我们可以称之为正能量，相对应，还有一种结合力与结合能，它使得物体成型成块，我们可以称之为反能量。

  对于相关的两个存在物或存在形式而言，无论它们是粒子状态还是粒子的叠加状态，它们何以相互存在，何以按某种空间位置的关系固定地或变化地出现，都在体现能量的本质，即确定各种物质存在之间各自所处空间位置的客观关系。现在，我们将能量这种本质分为相对应的两类，即正能量所代表的离散游离性质，它会让空间形成并使得其中之物变成一盘散沙，另外，反能量所代表的聚集结合性质就会让物质成型，并使得它们会因为拥有不同的相对独立空间体积而具有多种层级与形式。当然，在正反两种类型的能量之间，可能还会存在某种特殊的关联关系，比如反能量会通过吸收聚集正能量来抵消正能量的游离离散作用，借此完成物质成型的作用，也许，所聚集的正能量会随着物质的固定空间位置与体积的变化而变化，固定体积越小所需要抵消的正能量越多。

  这样，我们从能量这种存在形式的本质上去理解，那么物质的不同层级的具体存在形式以及其中反映能量的现象，就变得容易很多；

如果能量粒子自身又是组成空间和撑起空间的最基本元素，那么理解空间也就不再那么困难了，在各种存在形式之间特别是物质、能量、空间三者之间，能量就完全可以将物质和空间联系起来，各种存在形式的共通性与适应性将会异常清楚，另外，对空间的双重性质即存在性与意识性，人类的主观意识就非常容易把握了，空间将在存在与意识之间显现其完美的共通性与适应性。

因为，空间将一切存在形式包含其中，作为一个抽象的宇宙总存在，它确实也客观存在，但是具体的内容如何？我们总不能将其理解为空间占据空间位置和体积的存在吧？那么，如果能量充斥其中，空间就完全可以解决它在存在与意识两个方面的彻底统一的难题。这样一来，空间的绝对同一性与统一性就可以确定。那么，我们所面对的存在宇宙的空间就是我们人类意识所能对应的宇宙空间，这个空间只能是三维立体的，否则，人类意识不可认知的其他宇宙空间将无法与人类意识相统一，这样的空间跟我们人类将没有任何关系。

第三节 空 间

我们关于能量的思考与猜想，都是建立在假定宇宙世界确实可以区分为物质和能量的基础上，假如这种区分原本就是个错误，那么物质与能量两个概念必须重新设立；但是，如果仅就我们所分析的物质、能量、空间这三者之间特殊的三角关系而言，应当是可以确立的，否则，物质、能量、空间将会不存在，世界将完全是另外一个样子，这三个存在者作为宇宙存在的最基本的形式应当没有什么疑问，假如还有暗物质、暗能量之类的存在，它们也无法改变物质、能量、空间作为宇宙存在的基本形式的地位，至少大家同为一种共同的存在。也许，人类将会在很久的未来一直坚持着这样的意志：其他宇宙的基本存在即便有也很难撼动物质、能量、空间它们三者之间特殊三角关系的独立性。

我们在理解物质存在的本质时，用的是粒子及粒子所组成的结构内容，如果仔细考量粒子以及粒子的结构何以如此存在，我们不得不借助于能量和空间的概念；当我们分析能量存在的本质的同时，同样我们现在又将其表述为物质和空间的某种关联；如果我们现在来问空间这种存在本质（而不是空间的意识概念的本质）内容是什么，若不借助物质和能量的概念，恐怕也无法表述明白，所以我们说这三种基本的存在是共生共存的存在。

对于物质、能量和空间之间的三角关系，我们的意识不能老是停留在用其中两个解释另一个的兜圈圈的模糊逻辑之中，怎样才能更确切、更形象地领会它们三者之间的这种共存关系呢？最能说明的恐怕就是我们人类生活的这个自然的世界。

我们知道，物质有固态、液态和气态这三种物理形态，如果深入思考，这三种状态不能仅仅被看作是物理现象，它们可以共同表述物质、能量、空间这三种基本存在之间的关系。物质由原子构成，在固态情况下原子之间结构能的力最大，液态居中，气态最小；作为整体物质的能量来说，固态下最少且温度最低，液态居中，气态最高。此时物质没变，原子性质和数量没变，物质作为一种存在没变，物质存在形式即物质的形态与结构因为空间和能量的变化而相应地发生了变化。再来看看物质的另外一种情况，当一个固体物质被作用能量后粉碎，但依然是同样的固态和同样多的物质，只是物质空间分布不同，也就是物质大小不同，一个大的整体变成了众多小的个体的空间集合，此时，物质的整体动能和承受能的情况和能力则出现了不同，越大的物质所需要的原子间固定结构的结构能更多，同时，它所具有的自身动能就会变大，所能承受的动能则变小，但物质所需占据的空间体积的总量其实没有变化，而各自的空间位置关系则变化很大。

物质、能量、空间这三个基本存在，在自然可视的世界中所展现出来的上述关联，在微观世界和宏观宇宙中依然普遍存在和成立，所有这些都在共同说明这样一个规律：物质间如果需要确立固定的空间位置关系，就需要拥有更多的能量（前述可称为负能量），否则物质游离，空间位置不固定或者比较容易改变，所需要的能量就越少，而相同质量（数量）的同样物质形式，它们所能承受能量的能力又将受到占据相对空间大小的影响。令人惊奇的是，物质存在世界的这种构建固定关系的能量，和人际之间建立某种固定关系所需要具备的条件与所要付出的代价，多么相似！

宇宙世界各种存在形式的这种按照空间位置分布存在的真相，以及与此相关所展现出来的能量居于其中的作用，就是物质、能量、空间三者间存在关系的核心内容，有关引力的科学理论似乎无法解释，量子物理也只是描绘了微观的存在图景样式，但却似乎错误地将能量理解为粒子本身的运动和粒子运动时所交换的那个不太令人信服的量子。它所忽视的是粒子与粒子之间固定的和非固定的空间位置关系中所隐含的内容，场论看上去确实描述了这一内容，但是似乎忘却或忽略了这个固定和变化中的空间位置问题，以及它们之所以会如此固定或变化的原因所在。

物质和能量的存在离不开空间的存在，而且一切均在空间之中存在，我们除了从物质、能量角度来理解其存在的本质之外，对于物质和能量等一切具体存在形式均在其中的空间来说，假如它什么实质内容都没有，仅仅是个空无的空间范围的话，人类就只能从纯粹意识角度出发去理解了，我们不能待在物质、能量和空间这三个存在与概念中继续兜逻辑圈子。这是空间的特殊性，作为存在它就是宇宙一切，因为它将一切存在包含其中，而作为除去包含其中的一切存在物的纯粹空间范围，它所对应的只有人的意志性，因为它什么都不是，只是个意识概念中的广延和范围。所以，我们还应当换个角度纯粹凭借精神意志去直接理解空间这个概念。

用人的精神意志去理解任何事物都离不开概念这个工具或桥梁，在理解和分析物质、能量和空间这三个存在的概念时，除了弄清这三个存在的概念所包含的本质和内容，以及这三者之间或明或暗地必定存在着某种特殊关联，还必须借助于其他一些概念和概念工具，而所有这些概念和概念工具都可以说是人类意识认知世界的工具。

先来看看科学界关于物质、能量、空间概念的认识和界定。

牛顿说，"宇宙间的一切物体都是相互吸引的"，此即所谓的万有引力。万有引力认为物质之间存在相互吸引的力，而这个力的存在则没有空间距离的要求，它是物质和物质之间天生地相互吸引的能量存在，而这种存在没有空间概念和要求。

爱因斯坦指出，"物质已失去作为基本概念的地位"。他还说："人们曾设想，不依赖于主观认识的'物理实在'是由空时（为一方）以及与空时做相对运动的永远存在的质点（为另一方）所构成（至少在原则上是这样）。这个关于空时独立存在的观点，可以用这种断然的说法来表达：如果物质消失了，空时本身（作为表演物理事件的一种舞台）仍将依然存在。"另外，他还认为万有引力是时空弯曲的表现。我们不知道爱因斯坦是如何理解能量的，不过，他的质能转换方程明显地表达了关于能量的看法，那就是：全由物质质量转换而来。

哲学从是不是一种存在、存在是什么概念开始，着手分析认识事物及现象，从而找出真相和根源。和哲学的认识不同，科学则是从力的现象开始研究，并在此基础上分析质量、能量、速度，期望从中获得某种可以把握的规律。科学家拥有一个共同的理念，宇宙的规律应当是简单的、美妙的和统一的，认识了规律也就把握了客观真相、找到了根源。由于认识方法的不同，或者说是思维方式的不同，如今这两门学科似乎各立门户，相互间还会出现一点反感，但是，由于前面章节中所说的困境和共同的终极目标，哲学和科学有必要进行统一。哲学和科学都是人类的知识与认识，统一知识与认识，就要求我们所分析的共同对象的概念必须统一，比如现在我们所要考查的物质、能量、空间的概念，以及与此有关的其他概念，就需要首先进行重新统一。

哲学说"物质"科学说"物理实在"或"实体"；哲学从物质是一种存在开始思考，科学用"质量"代表"实体"和"物质"来分析实体物质的运动、力及能量；哲学只是借用"时间"概念来分析物质、空间等的存在，而科学却认为"时间"和"空间"概念一样，都是绝对的存在。在哲学的主流看法里，物质、能量、空间会是一种绝对的存在，永不消逝，但科学的主流观点却是物质会消失，能量也会跟着一起变成一个点，但时间和空间将永远不停地流逝。现在，我们就针对这些概念进行统一性的分析。

"物质"这个概念首先由哲学提出，是个抽象和集合的概念，最早这个概念基本等同于"存在"，与"意识"对立。这一点，科学提不出任何异议，因为那时还没有科学出现，所以原概念沿用。哲学的"物质存在形式""具体物质形态"等类似概念指的就是科学上的"物体""实体"，所以只是叫法不同，其实完全指的是一个东西。但是科学创设的"质量"概念不仅意思混乱，而且被滥用代替了"物质实体"，还有，"时间"的概念也被主观任意地放大了，并和被缩小了的"空间"概念一起，肆无忌惮地在科学领域中从现象的解释蔓延到真相与根源的探索，最著名的就是爱因斯坦的广义相对论，如果坚持哲学关于"时间"和"空间"概念的认识，就不可能出现"时空弯曲"。

其实，"质量"和"时间"概念的创设，都是为了把握客观存在事物某一方面内容而从意识本身出发所建立的一种工具，它们本身并不是一个客观存在，只是客观存在诸多形式的表述内容之一，用科学的语言来讲就是物体属性，"质量"是本身所含某种物质的数量，"时间"则是物体运动属性给予人类意识的一种认识。而比较难以界定的是"空间"这个概念。

作为抽象概念，"宇宙"所包含的所有空间，就是科学观测各种现象不论因或果地出现的那个总的范围，如同总的抽象概念"物质"一样，我们是否可以把宇宙总的范围就称之为"空间"以及这个"空间"概念所涉及的广延？那么好，作为一个范围，空间便把所有一切存在和非存在的只要是因果反应能在其中体现出来的东西统统一网打尽包含在内，"宇宙"便是"空间"，但是"宇宙"只是在广延和范围上等同于"空间"，宇宙还包括诸多形式和内容，除去这些具体存在形式及内容，作为范围和广延意义上的"宇宙"和"空间"概念本身，它们所能包含的东西就什么都没有了，仅仅作为一个概念与意识上的范围和广延，那么它们就只能是一种三维空间体积的意思了。反过来，如果空间是四维甚至更多的维，那么除去存在物之后所涉及的概念内容就绝对不止空间范围这一项，肯定会涉及其他的形式内容及变化了。这样，我们就理解了"实体""物质形式"和能量以及它们所涉及的空间位置的含义，也只有这样，我们现在所讨论的也就是人类意识所对应的那些个客观存在才能出现清晰的轮廓或印象，否则，物体、能量、位置不仅模糊而且容易概念混乱。所以说，如果我们连一个最起码的空间的概念都无法建立的话，人类无法去理解最基本的物质、物体，更谈不上研究它们的属性及属性所包含的其他意义。

如此一来，属于存在的客观事物便被我们确定了，确定后它们一如既往地在那里，它们客观地在那里，我们的意识还需认识它们更多的内容和属性等，为此，我们必须拥有必要的认识工具，这些认识工具便是存在形式所展现给人类意识的方方面面的内容或属性，比如声音、颜色、质量、大小、距离、温度、时间、速度、快慢等的概念，就是这样的认识工具，也是认识概念。这些概念本不表明某一类东西就在那里，而是表明在那里的诸多东西可能会出现的某一方面的形式、内容或现象，所有这些认识概念或者认识工具的概念，必须依照它们自己本身的含义即所指向客观事物的某一方面形式、特征或属性的内容来统一建立和运用。

联想到爱因斯坦的"弯曲时空"以及"如果物质消失了，空时本身仍将依然存在"的论断，特别是他所发的感叹"物质已失去作为基本概念的地位"，这些都是科学巨人跟他所处时代的对话，面对科学的这些对话和我们所处的新时代，特别是哲学和科学的未来即人类精神世界的明天，今天的人类意识有必要建造一个属于自己的小宇宙空间，在这个小小的意识宇宙空间当中，拥有永远固定不变的质量概念，有统一的温度、形状、味道的界定，有固定不变的距离概念与长度尺子，还有万世不变的时间尺度以及千真万确的计算数字，所有这些固定不变的工具，将会被人类永久地放置于任何不同的发展变化中的物体、环境当中，去认识和看待各种存在事物的本来面目。否则每个不同行业的人会拥有不同的概念工具，温度、距离、时间和尺度都将会随着认识对象及环境以及认识者的位置发生改变，认识将不可避免地会发生混乱，假象充斥，真相难明。

空间作为一个整体的抽象的客观存在，所指是只有立体范围，不论局部空间里面会充斥什么内容或存在物，也不论这个总体的三维立体范围可能会是什么形状，或者无边无际没有形状，或者有形状但时刻变化千姿百态，但是，我们人类意识所建立的这个空间概念，它所指向的那个范围的东西或内容在有或者没有物质、能量存在的地方，它都在，它不仅自己在那里，它也相应地在人的意识之中。作为宇宙的基本形式，空间被科学和哲学共同地认作是一种基本的存在。

作为一种范围与广延意义上的空间，空间本身空无一物，只能在人类意识中去构建，空间实际包含一切存在及一切具体存在形式的形态、样式、内容，那么空间又是一种客观存在的存在形式，可能它是由能量元素组成并撑起的且让一切存在物在其中游离或成型，也可能是其他未知的存在形式，但是，无论是作为空无一物的范围与广延，还是作为囊括一切的总存在及其总存在的立体范围，空间都不可能弯曲，弯曲的概念只能针对某个具体的物体所占据相对独立空间形态的变化。如果空间被弯曲了，那么它们原先所占据的那个体积范围怎么可能弯曲呢？居于整个宇宙空间当中的空间，它们原先所占据的那个范围怎么可能弯曲呢？如果说它弯曲还不如说消失，消失还可以理解，弯曲具体怎么展现？哪部分弯到哪部分，原先的范围和后来的范围有没有衔接，范围跟范围怎么衔接弯曲？爱因斯坦肯定无法描述。否则，他的空间概念和统一理解的这个一切存在物的总空间与范围体积的概念就不是一回事。

假如空间由能量粒子充斥撑起，空间中的能量密度、能量流、能量包本来就不是均匀的，假如空间由物质粒子充斥构成，物质元素粒子的空间密度分布同样也是不均匀的，那么，这都是物质与能量的空间分布问题，如果将它们的这种分布不均说成是空间的弯曲，那么，空间将随处是弯曲的，既然随处弯曲，说空间弯曲又有什么意义呢？

在几种基本的认识概念和认识工具当中，与空间直接相关的有大小、体积、距离、时间、速度等，与能量直接有关的是温度和速度等，与物质实体本身直接相关的则是味道、颜色、形状、质量等。当然，各个概念工具之间由于物质、能量和空间之间的密不可分的联系，也是相互有影响的。空间意义上的距离、时间、速度的不同，其物质实体的内容和能量情况会随之发生变化，能量及其温度的不同，物质与空间的具体形式也会有所变化；而物质的不同特别是科学意义上的质量的差异，则会引起更加完全不同的变化情况，在天文宇宙领域，恒星、行星、中子星、黑洞，主要都是基于不同的质量而具有不同的存在形式和相互关系，在科学家的概念中，质量是力的源泉，也是能量的来源，质量关系不仅决定天体形态而且决定了天体空间位置与存在关系，因此质量就代表了物质的全部实质性内容。

爱因斯坦的质能转换方程 $E = MC^2$，毋庸置疑地说明这样一个事实和现象，那就是，少量的物质能够释放出巨大的能量，尤其是在物质的核裂变过程中。同时这个方程会给人另外两个印象：物质质量将转变成巨大能量，巨大能量也可以转变成物质能量。换句话说，物质和能量可以相互转换。按照质能转换方程，人类解释了恒星所以具有持续向外释放巨大能量的原因，即因为恒星内部的物质质量在不断地核裂变产生巨大能量。然而，今天的天文观测发现，恒星在几十亿年释放能量后，会变成中子星、脉冲星、黑洞等这样一类体积小、密度大、质量大、释放能量照样惊人的天体物质，而且当最后变成中子星、黑洞时，其质量和原先恒星的质量几乎没有减少，有时反而增大，大到可以吞噬恒星和光，或者能释放出强度达到太阳光的1000万倍的强光。那么，恒星几十亿年不停地向外释放能量而丧失物质质量，为什么没有减少？能量为何还是如此之强？难道是单位空间内的质量比例的悬殊导致我们所观测的情况吗？尽管这种和空间有关的质量意义科学界今天尚未完全弄清楚，但是至少可以确定，如果将质能转换方程用于中子星、黑洞的存在现象，似乎难以理解科学界解释的粒子间的空间消失，电子塌缩进质子的原因或理由，似乎也在说明恒星物质质量丧失得很有限，因为质量都塌缩了。如果这个是真相的话，那几十亿年向外释放的能量又从何而来？为什么全部塌缩的几乎是纯质量物质所构成的中子星，并能够释放出比原先强1000万倍强度的光？爱因斯坦的引力场方程和广义相对论普遍被认为解释了宇宙大爆炸，以及中子星、黑洞等天文现象，而这些现象显然用质能转换方程似乎无法解释，至少无法令人信服。爱因斯坦的两个方程似乎在自相残杀、相互矛盾，除非人类将来解释了能量变化的真正原因，那么，如果解释了，引力场方程和广义相对论恐将被证明是错误的。

仅就 $E = mc^2$ 这个质能转换方程而言，哲学所要确定的事项则不是方程所表述的现象或质量与能量间的对等关系，哲学应当思考质量是什么概念，能释放如此巨大能量的东西和物质的根本存在究竟有没有关系？另外，光速所依赖的那个光的东西它又是什么？

如果针对 $E = mc^2$ 这个方程，爱因斯坦说"物质的质量是它所含能量的量度"，那么，我们可以说，他的这个认定等于没说一样，只有完全区别开质量、能量，然后将它们以公式方程形式对等起来，才真正有意义，因为你还可以用同样的方法反过来给能量下个定义。显然，惯性质量、引力质量作为对等的两个概念主要是基于物理现象或者说物质的存在形式内容而创立的，但作为质量本身的内容，附加其上面的多余意义解释都有可能使这个概念所真正指示的意义丧失或歪曲。质量如要真正跟物质对等起来，进一步说就是跟物质的更接近根本存在形式的东西对等挂钩，按照科学现在所认识的程度，质量只能指示物质各种粒子或某种粒子的元素种类及数量，也就是说，如果某个物质质量发生变化，它将在元素种类上可能有变化，或者元素种类没有发生变化，但原来的元素在数量上有变化，如果是后者，人类还必须搞清楚这些数量变化的粒子到哪里去了，是变成能量了，还是离开原先所附着的实体跑到别的空间位置了？

　　毫无疑问，这样的方式才是更加接近客观真相的途径。另外，光速具体是多少，通过不同环境速度又会发生怎样的变化问题，都不是最主要最基本的。从哲学的意义上分析，光究竟是什么？光有没有质量？光在物质存在和能量存在两者之间在真实地扮演什么样的角色？这些都是最重要的。科学家认为光是光子，光子在运动中没有质量，在静止状态会有质量，但静止的光子又不存在，所谓静止状态的光子只能意指物质的电子。很显然，科学界的这些看法是违背人类认识逻辑的，是矛盾的，尽管这种解释可以搪塞某些现象的暂时理解。光子如果是物质粒子，就是一种质量形式，光子的强度、数量也是质量的内容。当然，电子也相同，其他粒子也应一视同仁。从这个意义上说，质量的概念应当是个内容非常丰富的、种类非常繁杂的概念。可见，质量的概念被科学界掺入了很多人为的主观意志，被大量地简化为两个以上实体物质重量比较后所获得的一种结果概念，然后再被科学用于解释引力等天文现象。因此，哲学可以这样理解和认定科学关于质量概念的做法，那就是：质量概念来源于一些认识的现象，然后又被利用来解释那些已经认识的和某些尚未认识的现象,但却不可能真正接近客观真相,不可能解释更深层更根本的存在及存在形式。

存在拥有不同层级的存在形式,终极存在及其根本的存在形式,不仅会构成所有存在形式的基础,而且自己不会消逝永远存在,如果是无限接近终极存在的存在形式,它也会逐渐接近客观世界的真相,因此,更深层级的存在形式就更加接近客观世界的真相。认知客观存在的真相是哲学和科学的共同目的,所以,我们不能从表面的存在形式去展开想象,而应当设法从存在的本原出发,去触及更深层的存在问题。

当然,哲学相信存在远不止几种存在形式,哪怕是终极的存在,世界也会是"多"而不是"一",世界也因此才变得如此更加合理,更加合乎人类的认识逻辑及现有的客观存在所展现给人类意识的基本印象。无论是物质、能量、空间,还是暗物质、暗能量,甚至还有将来更多类似这些存在的概念,它们都是作为一种或多种类型的存在形式,哲学还相信,世界的各种存在形式绝不是孤立地存在,而是相互依赖、相互转换、变化地存在,世界更可能是复杂的融合式存在形式而不会是单独的、排他式的存在,因为这样也更合乎人类的认识习惯,自然界和社会所展现给人类的印象同样说明,世界尽管千变万化,但依然是相辅相成。

第四节 时 间

科学通过研究物体的运动和与运动相关联的力来认识世界,在认识过程中创立了绝对空间的概念。

牛顿用把水盛在旋转着的桶中的著名实验作为证明存在着绝对运动和绝对空间的判定依据。在这个实验当中，水会沿着水桶边缘而升高，倘若水桶不动，而其周围的空间绕着水桶旋转的话，这种现象或许不会发生。然而，人类至今却不能用任何一种具体的物质所产生的作用来解释离心力，也就是说在解释离心力发生时，并未能找到转动和具体的物理实体间存在什么关联的根据。因此，牛顿把这种转动和加速运动都认为是相对于空间本身的。

这就是自然科学中著名的相对性原理。所谓绝对运动并不是相对于一些个别的物体，而是相对于空间的。牛顿所主张的这种绝对静止的空的空间可以看成充满整个宇宙的、数目不定的、离散存在的物质和"宇宙气"的总代表。物体相对于空间的绝对运动指的就是某一个被个体化的物体相对于将除它以外的那个绝对空间作为参照背景所进行的位置变化。力的作用会引起某个加速度，只有引起绝对加速度的力才能把绝对运动加以标志，而绝对运动的概念则离不开绝对空间的概念。

不管怎样，相对运动、相对空间、相对时间的概念，人类是比较容易在意识中确立起来的，当然这里所说的相对空间和相对时间不是指爱因斯坦相对论所指的含义，而是指日常中一个物体相对于另一个物体，或一个物体相对于原先所存在的空间位置变化所指意的那个空间和时间概念。因为这些都是人类通过直观便轻松确立的印象。但是绝对的空间、绝对的时间这些概念的创设，如果没有上述对于物体运动与力以及所引起的物体加速度的深入分析，无论如何是难以完成的，因为这种绝对的时间和空间只能停留在纯粹的意识当中，在意识之外的客观存在中无法去把控它们。相对的空间有边有际，相对的时间有始有终。于是人类开始了永不停歇的思索，绝对的空间是否有边有际？绝对的时间是否也有始有终？

绝对的空间就是哲学中的空间范围的概念。作为最基本存在的物质、能量、空间是所有相对存在着的物质、能量和空间的总和或概括的泛指，而作为这样一种概念的物质、能量和空间，毫无疑问不是具体的，而是抽象的，是无法完全脱离人类意识去把控的，只能从纯粹意识的角度去确立它们的含义。所有相对存在着的物质、能量、空间，我们都知道它们是相对共存的，这个相对指的是相互之间的影响与存在的关系，同时，它们又都是相对于抽象的、绝对的、纯意识概念而实实在在的存在者，因此，它们是存在的形式。

人类满心希望有一种终极的存在形式，有一个绝对与相对可以完全统一的存在或存在形式，因为终极的物质形式才是绝对实在的物质存在，终极能量形式也是绝对实在的能量存在，有边有际有模有样的空间宇宙形式才是绝对实在的空间存在，但人类的这种一厢情愿可能永远只是停留在追求和不断探索的层面，永远都处于过程当中。然而，今天的人类，在自己的意识当中确定这些绝对的又是抽象的物质、能量和空间概念，又都是必需的，不仅如此，还必须辅之以各种具体的存在形式和更多的复杂的认识工具，否则，人类无法认识这个存在的世界。而人类就是通过这些最基本的概念、抽象的存在、具体的存在形式以及众多的概念与认识工具，将自己的意识与这个和意识所对应的既抽象又具体的世界联系起来的。

时间就是这样一种概念和认识工具。

相对的时间比较好理解，就是每一天、每一秒，地球的一秒，外星系的一秒。相对的时间就是我们平常所说时间概念的绝大部分内容，指的是在某一个相对的空间当中，相对物质和能量在变化当中所展现出来的过程概念，是一个比较活动的意识结果。因此，相对的时间则不管在什么空间当中，什么样的相对物质和能量所展现的什么不同的变化过程，也不管这些过程比较后会在人类意识感觉中出现什么样不同的结果，相对的时间都是这样的意识概念。那么，绝对的时间呢？如果整个宇宙有始有终，那才有绝对的时间，但那不是绝对的时间，因为人类依然还会问，在那之前呢？在那之后呢？

除非一切死寂，但一切死寂就会什么都不存在，存在之所以成为存在就因为宇宙世界的这种非死寂。

物质和能量及相对空间所构成的绝对空间，人类意识可能还比较容易接受，因为有边有际之外空无一物，那里是无，无是相对于有而言的，有便是存在。但是，有始有终的时间作为绝对的时间，我们人无法理解也无法接受，因为这阻止不了人类自行发问，在那之前呢？在那之后呢？问题不只是这些停留在纯粹意识上的过不去，或者说逻辑上的行不通，问题是，当辩论者提出当整个宇宙空间有始有终，从无到有，又会从有到无时，我们的哲学和科学又怎么去解释和理解？

有和无是相对的，没有有就没有无，有指的是存在及存在的各种形式，存在即为有，存在特别是最趋向于终极存在的存在形式，抑或终极的存在，它作为终极存在或趋向于终极存在，是不会或最趋向于不会变成不存在的，假如没有终极存在，世界也将是最趋向于存在而不是无的。无穷小并非是无，无论是数量上还是空间意义上，实实在在的数量和空间都是由无数个这种无穷小而叠加起来的，如果是无，怎么叠加也还是无。

关键的问题还不是这个，相对的时间并不是绝对时间的形式，相对的时间也并不具有各种各样的形式，这才是问题的关键所在。时间没有形式，时间没有可以供意识确立的属于自身的广延及形式，因此，时间不是一种存在或存在形式，所以说，根本不可能有绝对时间，时间只是一个相对的概念，时间就是相对的时间，相对的时间就是既能和相对物质、能量及空间相对应，又能与绝对物质、能量及空间相对应的概念，总之，时间本身就是一种意识的范畴，是一种认识方面的概念工具。

作为一种纯粹意识概念，时间其实也就没有相对与绝对之分，时间就是时间，绝对的时间在我们人类的意识当中会出现意识混乱和逻辑障碍，相对时间就是我们的意识创设的时间，因此，时间也就没有什么客观相对性，时间就是时间，时间就是相对时间，那么根本上说也就没有什么相对时间。假如在我们人类意识当中存在不同的相对时间，那么，将会毫无疑问地出现与绝对时间一样的意识混乱和逻辑障碍。即便是以我们人自身的肉体作为绝对的参照，人的生理循环中某个特定不变的进程与变化，如同科学家所假设的真空中光速不变那样，极不容易发生随所处环境的改变而改变，但当我们人类处于不同星球和空间环境中，还是会使这一肉体生理进程速度发生某些改变，那么，时间可能会出现地球日与木星日那样的区别，然而，既然是有比较或参照的意识，也还是可以进行换算的，这就是说，时间终究是可以统一的，相对的时间即使在存在的世界当中会出现，为了统一人类的认识，以避免出现混乱，也还是可以弃之不用的，甚至是有必要弃之不用。这和当今世界的众多不同的货币一样，假如不同国家间的货币没有统一的参照价值物品，相互间也无法进行直接或间接兑换，各国的人们怎么进行实物贸易？认识不同空间的存在及存在形式，时间更应该统一，国际间贸易还有众多不同的实物可以作为货币换算的参照，不同空间环境的可供统一参照的运动变化，人类意识去寻找它把握它，一定会是超乎想象的难上加难。

幸运的是科学家找到了一个参照物——光。确实，光是迄今为止人类可以找得到最理想的这种参照物，这不仅是因为它几乎出现在所有空间环境当中，它是我们常见的熟悉的，更主要的是它能够凭借其运动速度的绝对优势穿越相距遥远的不同的存在空间，将遥不可及的和近在咫尺的世界一起展现在我们人类眼前。科学家们几乎一致地坚信，在所谓的"真空"当中，光的速度是始终如一的不变的。假如光速可以确定，那么时间就有了一个统一的换算参照了。在距离、速度和时间的关系当中，距离如果无法确定，速度则无法确定，时间也无法确定；如果速度无法确定，距离和时间也都无法确定；时间确定不了，同样距离和速度都没法确定。那么，人类怎么才可以确定呢？人类的知识在这方面是这样确立起来的：时间，人类按照人类有史以来所习惯的以每一天即地球自转一圈来确定，然后用地球中的存在物间的实际丈量的距离，一起去认识速度。也就是说，人类关于速度的概念与认识首先是建立在已经确立的实实在在的人类可以比较容易把握的时间和距离的尺度上的，对于人类来说，意识是通过时间和距离概念来建立速度概念的。如果确定某一个速度，比如光速，它必须建立在某一个确定不变的距离和时间尺度上。可以这样说，速度对于不同存在物以及处于远近不同的空间环境，变化会相当大，意识难以把控，但是对于人类意识来说，每一天的长短和用不变的尺度所丈量的空间距离，都是可以确定的，通过可以确定的这两个尺度去确定某一个特定物或现象的速度，如果我们人类再坚信它在某个环境中速度不变的话，用它的速度来作为距离与时间的统一尺度，再去认识更加变幻无穷的世界，在意识上也应该是确定的，而不至于出现混乱。光速就是这个东西。但是，显而易见，这个假定不变的光速，它的确定是基于不变的时间与距离尺度而建立的。我们绝对不能因为光速出现变化或者某些我们还未认知的东西，反过来说时间和距离尺度会变。假如我们确定光速不变，那么就必须首先确定对应于光速的距离与时间尺度不变。

也许一个东西在不同环境中，它的质量、体积等存在形式范畴的内容会发生变化，它的固有的距离内容会发生变化，甚至它的具体存在形式本身还会消失，但我们绝不能因此来说距离变化了或者距离消失了，距离的尺度是个基于某个瞬间存在物所展现给人类意识的一个确定不变的概念，也是个意识概念，已经被意识确定的概念作为一种认识工具是不能改变的。也许某个东西或生物在不同的环境中，它的运动快慢、生理进程会发生改变，甚至根本不动或瞬间极速衰亡，但，我们也绝不能因此说时间尺度变化了或时间迅速消失。

由此可见，我们人类意识在认识不同存在及存在形式的运动、变化的快慢速度时，已经建立了不变的时间与距离概念，它们都是作为一种尺度即认识工具的尺度来建立的，作为一种尺度它们是不能变化的。存在的物质、能量、空间可能会在存在形式上发生无法想象和无法把握的变化，但作为认识它们变化的意识尺度则不能变化。

如果光在真空中的速度不变，用它来作为更上一个层次的参照物来判定更加广阔空间中的存在及存在形式，是没有任何问题的，而且具有某种独有的优势和不可替代性。科学界就是这样做的，在洛伦兹变换公式中，在质能转换公式中，在爱因斯坦广义相对论的方程组中，我们都看到了光速，在所有这些公式中，甚至更多更多的物理公式中，全都包含了真空光速，然而，通过这些公式，科学家所获得的结论是：时间会变慢，长度会收缩，也就是时间和空间会发生弯曲，另外质量还会增加。

我们并不是说科学家的公式有问题，但是，我们可以确定地说科学家们所得出的结论至少在表述上是不准确的或者是错误的。时间、距离、质量都是一种意识上的尺度性的认识工具概念，它们是确定的，如果我们依靠自己确定无疑的东西去认识世界时，反过来证明我们所确定的认识尺度会变或者不确定或者错了，那一定是我们认识发生了问题。存在物在不同情况下发生空间体积及演变过程的变化是很正常的，但我们不能据此说不是它们变化，而是距离与时间尺度有变。纯正的质量指的是物体所含某种粒子的数量，物体粒子数量如果没有减少或增加，只是相对别的物体的作用力等现象发生变化了，我们绝不能因此来说该物体质量发生了变化，说质量发生增加减少其实质是在说粒子的数量有变，如果数量有变，那就是物体本身的存在形式发生改变，但不是说我们人类所确定的数字只适用于其他环境，数字及数字间的逻辑关系在此不适用。

爱因斯坦的尺缩效应方程式，得出这样一个重要推论：时间会随着速度的增加而渐渐慢下来，速度越快，时间越慢，接近光速时，时间几乎停止。哲学不会参与科学的具体测算、实验，但哲学会仔细考量科学的推理起源，以及他们所获得的结论，看这些结论是针对存在还是存在形式及现象，或者是针对意识的概念。爱因斯坦的相对论从推理起源来说也都是建立在许多假定与主观认识上的，一切知识包括科学知识都离不开人类自身的意识。光走最短距离、等效原理等都是直接前提条件，对时空弯曲的结论都会产生根本性影响，假如有一项不成立，那么由此所获得的结论就会不成立。我们不是要否定科学家特别是爱因斯坦这样伟大的科学家和很多哲学家的成就，但是我们必须重视科学带给我们人类认识的重大变化是否确定可靠。当物体速度接近光速时，我们会问，它是参照光速还是别的，参照光，那么它速度几乎没变，参照地球及地球上的我们人类，那么它的时间就几乎停止，于是，我们要问，它的时间概念还是我们的时间概念吗？它的时间是以什么为参照？以什么尺度来度量？如果它的时间概念和我们的一样，那么它的时间不变，距离呢？时间、距离和速度这三者的关系还能成立吗？如果成立，那么距离的尺度用什么作为参照？

如果这样究问科学家，他们将会颠覆时间、距离和速度的关系，也将会完全改变速度本身的概念含义。逻辑上、知识上将会陷入一片混乱。我们还可以加问一句：光子的速度既然可以导致它的时间停止，那么光年的年又从哪里来？它的年还是地球上所守候的地球公转太阳一周的时间长短吗？光以光的速度运动，时间不是停止了吗，哪来的光年？

分析时间概念，肯定是要研究一下光的。我们暂时放一下，先来看爱因斯坦相对论带给我们人类意识上多大的影响。根据爱因斯坦广义相对论，宇宙起源于一次大爆炸，而且在一片"宇宙呜咽声"中不断膨胀下去，宇宙温度将接近绝对零度，就是将收缩成一个剧烈的塌缩，即大塌缩。我们现在所生活的宇宙最终将死于"冰"中或将死于"火"中，总之，宇宙自身必将彻底灭亡。①

达尔文就此痛苦地说："假如像我认为的那样，人在遥远的未来将会成为比现在更加完美得多的生物，那么人和其他所有有知觉能力的生命在经历了这样持久、缓慢的进步后注定彻底灭绝，是一种难以容忍的思想。"②

而哲学家罗素则这样写道："人是各种起因的产物，这些起因对它们正在走向末日毫无预见性；他的出生、成长、希望和恐惧、爱以及信仰，都不过是原子偶然聚集的结果，火、英雄主义、强烈的思想或感情都不能永生不死；这个时代所有劳动、所有专心、所有灵感，人类智慧在最辉煌时候的所有光芒，都注定要在太阳系的莫大死亡中灭绝；还有，人类成就的整个殿堂必不可免地将埋在宇宙瓦砾的废墟之下——所有这些虽然远没有摆脱争论，但还是如此近乎肯定，没有反对它们的哲学能够有望成立。只有在这些事实框架内，只有在彻底绝望的牢固基础上，才能安全地建造灵魂的家园。"③

---

① 参见加来道雄：《超越时空》，刘玉玺、曹志良译，上海科技教育出版社1999年版，第353页。
② 参见加来道雄：《超越时空》，刘玉玺、曹志良译，上海科技教育出版社1999年版，第351－352页。
③ 参见加来道雄：《超越时空》，刘玉玺、曹志良译，上海科技教育出版社1999年版，第352页。

科学的推论告诉人类，我们从"大爆炸"那里来，要到不断膨胀的"冰"中或者大塌缩的"火"中去。哲学带领人类的智慧一直在追问自己从哪里来到哪里去，科学家就这样用几个假定前提和光速参照，如此这么早地似乎又是成功地用数学公式的方式将他们的答案告诉世人，这不能不让人惊讶，又不能不令人绝望！

人类可能更加关注我们到哪里去的问题，因为在大爆炸时我们还不存在，更谈不上智慧，现在，人类经过漫长的岁月拥有自己的意识与智慧时，自己的意识与智慧甚至是最高的智慧，向全人类宣告我们面对的却是一个无可挑战的灭绝未来，那里将是所有生命及存在的末日。如果科学家的推论不是草率的话，哲学没有理由不予重视，这也许就是存在哲学处于今天这个时代的最伟大的意义所在！

我们期望在这里开始建立罗素所指的"反对它们的哲学"，我们必须认真研究存在的形式，以及与之对应的人类意识，因为真相与真理就在存在之中，我们的意识如何真正把握它们，这就是哲学的价值。

光是迄今为止人类所能找到的认识和丈量宇宙变化运动规律的最好的也是最理想的工具、尺度及参照；光被科学归类为一种微观粒子，即光子，同时又被科学认识为一种波，不仅如此，所有的微观粒子在科学上都被看作具备光一样的波粒子二重性。哲学从本原性出发也会将其视作一种根本的存在形式，即光应当是一种存在。对于光这种存在形式来说，它毫无疑问也是在运动、变化的，静止的光是不存在的，然而，科学现在所理解的光，时间对于它来说，参照我们人类自身，应该是停止的，也就是说，光只能动，却没有时间概念。那么，速度的概念对于光也将不存在，光速的概念，人的意识无法建立，它所赖以建立的逻辑大厦根本就不成结构。

那么，我们是要质疑有些存在形式人类无法构建关于它们的意识概念及意识逻辑呢？还是要质疑速度、时间、距离概念的逻辑关系呢？或是要质疑科学的结论在时间概念上出现了差错？显然，科学是不否认速度、时间、距离这三个概念间的逻辑关系的，所以才会获得时间与空间同时弯曲的结论，因为这三者间如果有一项发生改变，至少另外两项中会有一项将随之变化。可是，对于光这个参照物来说，光速不变，和物体接近光速时间停止的假设前提和所得的结论间，悖论明显地出现了。我们是更应该相信光在真空中速度不变呢？还是更应该相信时刻运动中或者说只存在于运动中的光，它的时间也会存在，它的时间不会停止，所谓的时间、距离的尺缩效应，原来是一个错误呢？无论如何，存在的形式及现象，人类可以慢慢去认识理解，但，我们人类的意识不能从一开始就出现混乱。因为意识对应的是客观存在，存在是确定的，也就是意识可以去把控的，意识想要去把控存在，自己不能先乱了阵脚。

哲学应该坚信人类意识所构建的时间概念，它和距离、质量等的概念，都是为认识客观世界的存在形式及现象而构建的确定无疑的概念。如果没有人类及人类意识的存在，时间无法成为一种客观存在，时间也不是一种存在现象，从这个意义上说，时间本质上就是一种人类意识。所有具有实实在在内容的意识包括最基本的概念、意识工具等都是知识，知识是意识认识客观世界的方式、方法及结果。那么，时间本身就是属于一种知识的，看来康德的判定更有道理，但，是否属于康德所归结的先验知识,就要另当别论了。

时间这种意识工具概念的知识,是用来干什么的呢?仅仅是科学界所秉持的测算物体运动快慢的吗?当然,测算物体运动快慢速度,离不开时间概念,通过确定物体运动快慢以及相互的作用关系,科学家便可深入探究导致快慢、作用的根本动因,科学在相互作用中构建了力的概念,在力的大小和相应速度的快慢中,科学又设法建立某种必然的关联,客观世界的存在现象就这样被科学的逻辑给概括了。

实际上,人类意识创立时间概念,却被科学狭义地理解和运用了,物体运动速度快慢只是时间概念的根本用途被表面化之后所获得的一种意识结果。时间的根本用途是用以表述客观世界及存在形式的变化的,它是针对自身及相对的变化过程而言的,物体运动速度快慢、作用力的大小都是针对这个相对的变化过程的,这个相对的变化过程实质就是存在形式在空间内容上的持续,也就是说,时间所指示的核心内容是存在事物在空间存在过程中的先后顺序,只有确立过程的先后顺序才能了解客观世界的整个变化过程。一个个先后顺序串在一起便是一个独立的时间过程,这个过程便是这个客观事物的演变经历,将不同事物过程放在一起进行比较,便是我们日常所指的时间内容。如果从我们日常的时间概念按照上面的方式反过来往前推理,显然,时间的根本作用就是用来描述事物过程的先后顺序的,而我们日常的时间概念就是时间根本作用的表面化和表象化,令人感到遗憾的是,科学竟将时间概念的表面化作用,当作其最重要的研究与认识工具之一了。

根本作用在于表述先后顺序的时间,无论如何不能反过来导致人类在意识中建立一个时间倒流、先后颠倒的客观世界的印象。客观世界原本的先后顺序如同其中的存在物一样都是客观的，意识可以去认识它们，意识在具备完全的能力时，也可以通过另一个先后顺序规律，即科技、知识去改变某一个既定的原有先后顺序，那便是改造世界，但改造世界的某一个或某一些先后顺序却并不意味着我们认识客观世界的原本先后顺序时，就发生次序颠倒的意识混乱。相反，不能正确把控客观的先后顺序，人类就不能找出其中的究竟，也就不可能获得可靠有用的知识，并利用知识去实现人类意志自由与任意性的目的。而这其中的究竟，便是我们常说的因果律。

所以说，时间的概念根本的作用在于认识客观世界的先后顺序，其目的在于试图掌握存在形式在空间内容上的持续形态，而它的终极目的则是揭示各种世界当中不同存在形式的因果律；时间是人类意识掌握各种因果律的重要意识工具，没有时间概念，我们将无法把握存在及一切存在形式的所以然，无法获知这个所以然，我们将无法无限接近地认识那个可能的终极存在形式，或者无法认知那个无限接近终极的存在形式。

第三章

存在的现象

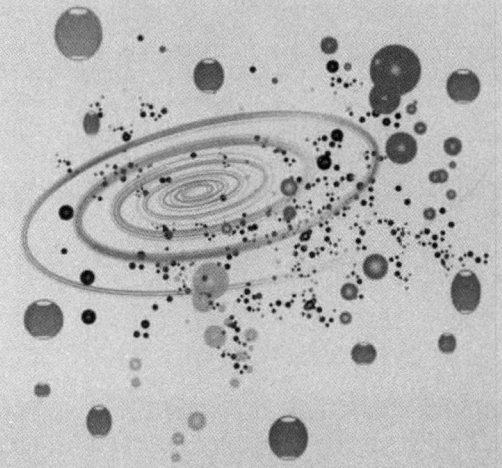

第三章

第一节　存在形式与存在现象

在过去的哲学中，存在概念大多停留在相对于人类意识的认识与把控层面，存在、存在者、存在本质、存在实体、存在自身，以及属性、偶性、属相、种相等，这些概念被哲学家们创造出来，用以表述和分析相对于人类精神而在那里的事物究竟有什么特点和内容。意识如何建立这些概念并辨别它们相互之间的联系与区别呢？先哲们目的很明确，就是为了弄清楚人类精神以外的这个世界，总体的、分类的、个别的都分别"是什么""何以是"，它们的"是"或"在"是否依赖我们人类的意识，这个"是"或"在"的世界和人类的精神世界又有什么关联。先哲们的智慧便是基于这些基本问题和概念内容的思考，逐步创设了今天我们所看到的门类齐全的各种科学学科体系。今天的人类正在享受着这些智慧所带来的累累硕果与舒适便利。

然而，哲学如果一直安享在这些概念与内容所构建的智慧温床上，是远远不能满足人类永无止境的好奇心的，也远远跟不上被这些过去的智慧成果浇灌出来的人类意识的自由任意性的急切脚步。人类还应当利用这些概念以及由这些概念启发出来的知识，继续认识那个精神以外的世界，它们究竟如何具体地存在？

那个精神以外的世界根本不依赖我们的精神便独立地实实在在地在那里，它们不仅在那里，而且确定地遵循着各种神秘的法则共同地在那里，相互影响着、运动着、变幻着。人类的精神世界，同样神秘魔幻般地相对于它们而长期存在着，只要人类长存，精神便会永在。也正是由于人类精神的这种好奇心与自由任意性的天生的神秘魔力，时刻不停地驱使着我们继续去思考，究竟那个精神以外的世界是什么样子，它们如何存在，它们何以存在？

基于这一本原性问题的思考，本书便弃用了过去存在哲学所创设的诸多存在概念，从思考客观地"在那里"以及"如何在"和"何以在"出发，用存在形式和存在现象概念来共同思考和描述存在本身如何具体地存在，怎么存在，特别是相对于我们人类意识来说，它们又是以什么样的形式及内容展现出它们的存在，而不能将只要是符合不随人的意志为转移的客观存在便一律视同为客观存在或存在物。

所以，现在，我们只将那些占据某个具体空间位置和体积的客观存在，当成是人的意识可以把控理解的实实在在的存在，即具体的存在形式。这样，专指范围和广延的空间以及时间等很多概念所指向的对象，虽然它们也都独立于人的意识之外而客观存在，都不是真正的存在形式。

为了更准确地思考这个问题，我们又不得不重视那些本已远离哲学扬长而去的科学以及科学的成就。

于是，在上一章我们结合科学与哲学关于存在及存在形式的各种基本认识，思考了存在的内容与实质，更详细地分析了哲学与科学统一认识后的几种基本存在形式,同时指出存在形式才是实实在在的存在,存在形式拥有多重层级,而且在客观世界里可能没有终极的存在,即使有也应该是"多"而不是"一"。那么,在接下来的本章中,我们将从存在形式所展现给人类意识的基本现象入手,分析存在形式又是以什么样的具体形式内容展现它们的存在,这,就是存在的现象。

那么,存在、存在形式、存在现象三者之间,各自的含义和相互之间的关系又应该如何加以明确呢?

显然,现在的哲学勿需再回到过去那些个诸如实体、本质、偶性、属相之类的概念上来理解存在,存在就是精神世界之外并与精神相对应的那个客观世界,它的实质内容就是不依赖于人类精神意识独立地在那里的一切事物的总称,在科学所指的宇宙世界和宇宙空间中所有存在着的、运动着的、变化着的客观物质的总称就是存在,哲学中的存在。由此可见,存在是个抽象的集合存在,作为一个抽象的而不是特指某一种、某一类或某一个,甚至是某种形式的存在,它是诸如科学中的物质、能量、空间、暗物质、暗能量这类概念的总和,只要是宇宙中一切不依赖精神而在那里的东西,都是存在概念所能包括进去的,因此,存在便可以据此独立于人类意识,并成为意识认知和改造的对象,同时存在也就自然而然地可以被人类意识划分为各种不同的基本存在形式。

与存在相比,存在形式则变得具体得多,而最直接的具体的存在形式就是每一个人类肉眼可见的物质实体和每一种或某一定量的能量形式,如电、光、火以及某一特指的空间位置或结构。在不同的存在形式之间，我们发现它们相互之间又都是密不可分或者相互影响关联的。物质作为最基本的存在形式之一，又具有多重层级的特点，在各层级之间的，最基本的物质形式，现在我们无论在科学上将它认定为粒子还是弦，甚或一种能量形式的振动，对于今天人类意识来说，它们便是那些个至少是接近终极的存在形式。我们相信，人类意识可以认识和感知到的一切物质形式的存在形式都是由这些个存在形式演变聚合而成，探知这些近乎终极的存在形式或无限接近终极的存在形式，我们便真正接近或更加接近获知客观存在世界的一大部分真相，那就是人类智慧遥指的真理。而除此之外，就是物质与其他存在形式之间的真正关联关系，它们究竟如何共生共存，如何演变转换？人类获得这些真正的关联关系越多，得到的真相与真理也就自然越多。

所有这些不同层级物质存在形式之间，不同能量形式之间以及物质、能量与空间，甚至和暗物质、暗能量之间的关联关系，代表着人类意识所要不断认识的法则和真理，只有人类更多更全面地认识和把握了这些知识，人类才能够利用这些真理、法则、知识去改造客观的存在世界，至少可以很好地适应这个变化莫测的外在世界，在那个未来可能的灾难来临时，我们人类才有可能变得更加从容自如。于是，问题和任务便很自然地出现，怎么才能认识这些存在于存在形式之间的各种法则、真相与真理呢？人类只能从自己所能感知的存在形式开始思索。

人类生活在由各种不同层级不同形式的存在形式所包容的存在世界之中，人类自身也是一种存在形式，在这种存在形式之中，精神作为一种非存在形式存在着、活跃着，而这种非存在形式的精神活动却通过各种不同的存在形式即肉体感官，去感受着外在的变化无穷的存在形式。也就是说，客观存在世界的各种存在形式会通过特殊的方式、形式展现它们的存在，并且还会通过特定的方式、途径让人类感官感觉它们中的一部分形式内容，这，就是我们常说的现象与信息。存在的现象便是由此而来，存在现象的概念也应因此而立。

毫无疑问，存在现象脱离不了存在形式，它是存在形式的展现形式与内容，这些形式与内容被定义为各种不同的信息，以不同的方式、途径传递给我们人类的感官，人类的精神在获取这些感官信息并进行逻辑思维处理之后，便能在意识中形成各种相应的关于不同存在形式、存在现象的印象、概念、观念与知识。在所有这些精神概念中，最原初的信息、印象、概念、观念、经验等，都是不同层级的知识形式，而各种不同层级的知识形式所共同形成或者为了想要形成的就是终极的知识，这个终极的知识无可争辩地指向的任务和目标只能是存在世界的真相与真理。这就是为什么我们在前面说存在哲学才是哲学的核心的真正缘由。

存在现象经常不会是某一个、某一类存在形式单独形成的，因为存在的世界在存在形式之间存在着各式各样的作用、影响与关联，也正是由于这些我们难以认知又矢志不渝地想要认知的这些个作用、影响与关联，世界才变得如此奇妙而令我们的智慧神往，正因如此，存在现象在其表面之下肯定也会包含着意识不易掌握的这些个作用、影响与关联。透过现象看本质，这个我们日常的道理，在认识论的逻辑中也就毫无疑问地成立了，这，就是我们研究和分析存在形式项下的存在现象的重要意义所在。

我们现在将世间万物的存在形式所展现出来的具体形式与内容以及过程，统称为存在现象。当然，这种展现既有存在形式自身的内容，也包括相对于我们人类精神和感官的内容，属于存在形式自身的会更加接近于真相，而属于人类精神所认定以及感官所感受到的则相对远离存在的真相。比如，运动的概念在表述物质实体存在状态时指向的就是存在形式自身，而吸引力与排斥力等力的概念指向精神感受的因素就比较明显，再比如，温度升高与下降、变热与变冷等，同样都是从这两种不同的侧重点出发来描述存在现象的。

对于所有物质、能量的存在形式而言，它们的存在现象我们可以用两个概念来概括，那就是运动和变化。除了牛顿所说的那个绝对空间，运动和变化可以说是所有存在形式的存在内容及方式。然而运动和变化对于所有这些存在形式来说，我们现在称之为存在内容及方式，在科学的概念中常常被视作为某种天生的固有的属性。哲学所说的这种存在现象的运动和变化内容，世界万物无一例外，科学因此称之为（万物的）物质属性，可见在核心思想上哲学与科学关于它们的理解是一致的，所不同的是，哲学的理解往往基于现有的认识从逻辑上向着本原去思索它的实质，比如运动和变化会被理解为物质与能量的空间结构及空间位置的改变，而科学则往往将普遍存在的现象理解为无需思考的固有的功能和属性，当然，现实中科学将这一理解主要集中于物质这种存在形式，而对于能量，尽管科学已经弄清它有很多种形式以及相互间的转换途径，却依然很少用运动和变化来理解它，反过来，科学基本上认为能量像绝对空间那样，它的量是守恒的，世界的终极存在形式全都可以用能量这个概念来表述。

由于前面所述的存在形式与存在现象之间的这种关系，科学将诸多普遍出现的存在现象理解为固有属性或者某个定律、公理，而无需进行论证，这显然在哲学中是不能接受的，否则，存在的真相与真理便很容易掌握。实际生活与实践中，那些被科学视为固有属性、定律、公理的普遍的存在现象，往往会被新的发现和认识认定为是有缺陷的，或者被认定为并非千篇一律而是还有例外，当这种例外情况出现时，人们开始质疑这些固有属性、定律和公理的真理性与可靠性，于是，科学开始回到哲学的本原思路上来，重新进行考查验证。不可否认，科学用普遍存在现象当作固有属性、定律和公理的假设性做法，确实拥有很大现实意义与积极作用，而且确实也获得了很多成果。但是，不管怎么说，科学的这种做法都是经验思维，经验思维所获取的经验知识由于来自于对人类可以触及和感知领域的统计，因此，在这一限定领域拥有无可争议的意识把控方面的优势与可靠性，但是，当人类面对无法用实验验证和无法感知的微观及宏观世界时，或者，在面对某种全新的世界或存在对象时，经验思维很容易显得力不从心，因此，普遍存在的现象必须被重新理解和重新认识。

　　此时，也就是科学进步来到的今天，哲学与科学终于走到了一起，共同面对这些个我们过去感觉到的理解到的司空见惯的或者是罕见的存在现象。人们开始一起在问：光究竟是什么？是波还是粒子？光是物质还是能量？光的速度怎么形成？力又是什么？相互的作用是什么意思？是直接作用还是相隔作用？场又是否存在，何以存在，如何存在？等等。

　　哲学不能忽视科学中诸多概念、认识，就像不能忽视它们的成就一样。质量应该如何正确理解？质量能否等同于物质？物质实体的存在形式为什么大多展现为团块状甚至是球形或圆盘状？它们的运动轨迹为什么是圆形、椭圆形？为什么能量的传递或运动的形式让我们感到是波动状？科学建立的力的概念及力学体系，真的可以将物质实体与能量的存在形式统一起来吗？力真的就是能吗？甚至我们还应当大胆地质疑：真的有力吗？力是存在形式还是存在现象，或者只是人的一种感觉，甚至是种错误的感觉？所有这些，哲学应当认真面对，仔细考究。

第二节 力

力是科学提出的概念，哲学认识和分析力的问题，不能回避科学关于力的认识和已有的成果。人类深入认识存在世界的真理不仅需要纠正错误认识，还需要统一认识，其中就包括这个力。

在科学提出力的概念的时候，力是针对物体的，后来力被利用在风、水、气这种难以形成固定视觉印象的事物上，力的含义开始用能、能量的概念来代替和概括，再往后发展，科学概括人类迄今为止的四种力，电磁力、弱核力、强核力及引力，其中，除引力外其他三种力均可用能来表述，即电能、核能以及弱核力的光能、热能等。科学研究成果告诉我们，这些表述为能或物体间那个力的东西，还可以进行各种不同形式的相互转换，而宇宙中的总能量是守恒的。

就能和力的比较来说，能的概念更加接近本质和本原，而力的概念则只是在描述人的感觉与存在事物的外在直观现象，当然，这得益于量子物理的诞生。由牛顿提出来的、爱因斯坦进一步解读的引力，究竟从何而来，是怎么一回事，今天的人类依然没有弄清楚，因此，今天的我们还不能彻底抛弃力的概念，而完全用能来表达。于是，从根本上重新认识这个力，也就非常必要。

牛顿认为，力就是物体之间的相互作用，从力的这一解释概念上，我们可以这样理解力：那些个可以改变物体存在或运动状态的功能作用及原因。科学中所说的力所表现的是一种原因和作用，所针对的是物体存在或运动状态发生变化这个存在现象，而对于物体来说，改变其原有存在或运动状态，要研究其保持这种原有状态的问题，即科学定义的惯性，还要研究使得物体改变存在及运动状态的问题即科学归结为万物的吸引力，科学家们在分析惯性和引力大小时，发现这些都和物体的质量紧密相关。

科学就是这样用质量的概念工具具体认识和分析各种不同的力，也就是说，科学分析存在形式出现的存在状态的变化，最早所运用的就是这样的思维逻辑，那么，什么是质量？质量又是怎么来的？质量何以有惯性和引力？

我们都知道，科学关于质量的概念认识又来源于惯性质量和引力质量，通过物体的惯性及引力的比较得出质量的大小，显然，在质量和惯性及引力之间出现了循环论证和相互说明的问题，其中质量概念似乎更加接近本质和本原。但是，科学意义上的质量也只能是接近本原来表述物体的大小区别，以及由此带来惯性与引力的不同，如果从真正的本来面目讲，质量的这种概念工具不能真实全面地代替物体的存在内容，特别是物体所包含的多少物质的实质内容。

科学关于质量概念后来还有一种描述，就是物体所含能量的总量，即质能转换方程所表达的意思。于是，在现代科学的隐隐约约的意识之中，根本没有什么物质，一切皆为能量。那么，如果你问科学能量从何而来，它们会利用建立在引力与惯性这两种现象的等效原理基础上的爱因斯坦引力场方程回答说：来源于奇点的大爆炸。

但是，量子物理却认为质量是质量，能量是能量，有的粒子主要是质量，有的则主要是能量，有的二者皆有，代表物质的质量和能量是两种不同的存在形式。于是，科学理论便出现了不同的认识，科学在质量和能量的认识上的分歧就这样产生了，似乎各有各的道理，难以统一。

当科学发现了电磁现象及其原理后，由电磁场产生的电磁力和经典物理的物体间力的概念存在不相容甚至相抵触问题，科学界人为地一厢情愿地从主观出发想要统一这两种力的概念和理论，这时，科学界便借助于数学和几何工具，最后引导出许多新的方程式，如时间变慢和长度收缩假说、质速关系式、质能方程，甚至得到了洛伦兹变换公式，在狭义相对论中，洛伦兹变换就是最基本的关系式。在这些关系式或方程中，普遍借用了一个不变的参照，那就是光速，但是，光是什么东西？光速怎么测得？光真的速度不变吗？这又全部都是难解的疑问。

所以，科学关于力的认识，我们有理由提出质疑，也更有必要进行深入分析。一个个用现象解释现象、用假定计算实际的科学理论及其成果,尽管有其不可代替的现实作用,但是,当我们真正面临更大的难题时,还是应当回到起点和本原问题上来思考一下,存在形式的原本真相究竟会是什么样。

当终极存在形式在相当长的未来日子里或永远的未来找不到的情况下,人类关于物质和能量的认识必须停留在目前关于它们是两种不同存在形式的层面,尽管从现象上可以得出某一定量的物质存在形式中可以释放出能量,但它的实质还是物质粒子的空间结构的变化所带来的,并不是某一种固定不变的粒子直接变的,粒子之中还有粒子,越小的粒子间的空间结构很可能能量会更大,因此,我们现在可以继续用能量这种存在形式来解释存在现象,即物体原有存在状态发生变化的力的现象。我们暂且不管不同层级的物质存在形式发生这种运动状态变化的原因是否可以统一为一种,但是,我们人类意识从自身的喜好出发,至少希望能找到这些所有变化原因中所拥有的某种共同的东西,如果我们找到了,那么,我们就朝着认识力这种存在现象的根本真相更进了一步。

很明显,我们的能量概念在解释电磁力、弱核力及强核力时是通畅的,但在解释引力时却没那么幸运,人类可能永远找不到引力的能量量子——引力子。就已经可以解释的这三种力来说,我们千万别停留在已有成果与认识的表面上,如果继续分析下去,或许还会有更具体的收获,比方说电磁力、弱核力、强核力它们三者之间的释放或拥有能量的具体原因是不尽相同的,在电磁场中导致物体运动的方式、原因,和微观粒子结构发生改变所释放的能量,是不一样的,在电和磁之间存在着如同能量和物质那种共生共存的关系，而核力不存在这个，却存在着改变粒子结构会释放能量量子的特性。如果我们将这三种力的具体原因和我们日常所见到的物体之间相互碰撞等形式的相互关联的反应进行比较，就会很容易发现，两者之间力的形式、原因以及能量的具体方式，也存在明显的不同，我们在微观和磁场力中似乎没有见到这种物体与物体间的相互作用、反应的现象出现，等等。

如此一来，我们追踪物质这种存在形式在不同层级的情况下，出现改变原有存在状态的原因力，好像在对我们的意识说：具体原因力根本不可能相同，只是在几种情况和环境中存在导致物质改变存在状态的能力，以及被人类定义为能量的这一类东西。科学的理论成果告诉我们的真实情况是：在什么情况下会出现改变物质存在状态的原因即有能量存在，但具体能量形式即具体的原因因素却各不相同。

人类不论科学还是哲学，相信都不会怀疑能量是一种存在形式或一类存在形式，它的终极形式也许也不存在，但毫无疑问，能量作为一种较为抽象统筹的存在形式，拥有各种不同层级不同具体特性的存在形式，能量量子和光子可能不是同一种能量存在形式，比方说能量量子包有质量吗？光子有质量吗？如果一个有一个无，那么它怎么会是同一种东西呢？很显然这个问题是需要考证的，引力这种存在现象不能和其他三种力进行统一，就是很正常的事了。

牛顿只是说明了一种普遍的存在现象，万物皆有吸引力，意思是说任何物体对于任何距离的万物都有吸引力，但牛顿从来没有说清楚万有引力的力学原理，即引力如何产生的问题，牛顿只是根据在自然界中的试验测算，得出了地球引力常数。而爱因斯坦的引力场方程也并不是一个完全独立的引力理论，它是建立在牛顿理论基础上的理论，因为他在推导引力场方程的过程中就是借助牛顿的引力常数，不是从另一种某个弯曲时空的几何与物理特征推导而来。他们关于引力的两种理论根本的区别只在于时空的概念不一致，爱因斯坦的时空将时间与空间混在一起，并直接用数学推导得出，依赖于数学他推导出自己的引力场方程，爱因斯坦根据这个方程，得出大质量物体会导致其周围时空的弯曲，他的引力就是因为这个时空弯曲的几何效应造成的，由于他的引力理论同样缺乏物理机制的支持，而且他的时空概念混乱，所有结论都是基于数学与几何的运算，而这些数学公式的推导又都建立在某些所谓公认原理及假定前提的基础之上，所以，爱因斯坦的引力来源是不可靠的，尽管可以用它解释一些存在现象，但依然有许多是它无法适用和解释通的。

　　哲学的目的并不是为了把问题搞复杂，科学也不见得可以把复杂的问题简单化，人类的知识目的是一致的，那就是世界的存在真相究竟是什么？

　　数学和几何本身是思维方式的一种，或者说是思维工具，数学和几何只能用来描述存在事物的过程、内容及现象，但不能完全依靠数学和几何去论证存在事物本身的特性，人类只能综合运用思维知识通过存在形式及存在现象去推测、猜想存在事物的存在真相，然后再去验证而获得，也就是说，数学和几何可以帮助我们去理解"是什么""是什么样"，但却不能由它们去说"为什么是"。

　　总而言之，引力现象出现的根本原因，科学还没有找到，自然更就谈不上和其他三种力的统一问题了。

值得注意的是，引力确实和科学所说的物体质量有关，当然科学将质量视作物质的做法有其积极意义，但是作为物质的范畴却是严格的，而科学目前利用引力和惯性所获得质量的衡量方式，无疑又是有问题的，所以说，科学的质量概念工具用以确认引力的大小和具体形式，只能是属于用一个现象说明另一个现象的做法，而我们人类最想知道的引力来源及特性，恐怕仅用质量这一概念工具是没有用的。于是，有人提出质量场的概念，认为物质有两个属性，一个是实体属性，一个是场属性，认为引力是由质量场的中心与实体质心的不对称而引发。这样的理论应该是看到牛顿和爱因斯坦引力理论的不足和缺陷，但是质量场的具体形式没有说明，中心与质心如何确定也没有讲清，怎么是对称、怎么是不对称也不清楚，最主要的是不对称引发物体运动状态的变化。和爱因斯坦的弯曲时空性质一样，同样用几何学得出存在的本质内容，殊途同归。如果从本质角度去分析，一个天体和一个粒子都是物质，都是物质存在形式，那么，一个光子、量子、电子本身的场属性怎么描述呢？

科学界还有一种理论，认为牛顿的引力本身不可能万有，物体相互吸引的真正原因是：物质内部电子的内位移激活扩增了静电引力所起到的作用。他们这样解释静电引力：物体表面的电子密度差是产生静电的原因，物体表面的负电荷密度与物体的物质密度成正比，那么密度越大的物体，其负电性越强，密度越小的物体，其正电性越强，不同密度的物体就会因表面电性的不同而产生阴阳相吸的电性引力。持此种观点者肯定是注意到电磁场的特性，以及与质量相联系的引力特征，但是，很显然这个理论不仅粗糙，而且主观性很大，人们只要问他一个问题就足够了，为什么伽利略的两个铁球同时着地？

如此等等，不一而足，对于现今的科学来说，引力是最令人迷惑不解的课题。

下面，让我们回到哲学层面来考虑这些问题。

力是科学创立的概念，它叙述的是人类可以感知到的客观世界的一种普遍出现的存在现象，力既是人的一种感觉反应，又是客观存在的物体发生状态改变时的动因。为了从本质上进一步概括这种现象和动因，科学还创立了另外一个替代力的概念，那就是能。当力和能进行比较时，毫无疑问能比力更为准确些。

哲学应该是不承认力的。力首先是人的感觉反应，其次是存在现象，再次是存在形式出现变化的动因，所以力的概念始终徘徊在主观意识之中，是一个极不容易确定的内容。对于存在形式、存在事物发生状态变化这种"力"的现象，哲学关注的是这种现象前后过程中各种不同信息之间的某种因果关联，简单地说就是发生这种状态变化的原因，所以，科学的力可以用原因力来代替，甚至干脆就说原因。

存在形式发生状态变化的过程一刻不停地进行着，由此滋生万事万物，存在形式发生状态变化的过程对于我们人类来说就是存在的现象与感知信息。我们人类从主观上经验上都会确定无疑地相信，在我们精神所对应的这个宇宙，一切存在形式的变化过程的前后是相互关联的，在前后两种属于某一个变化过程中的存在形式及现象之间，必然存在某种不同的前因后果的联系。由于存在形式及现象会有不同的层级，比如微观、自然观及宏观，那么其前因后果的联系肯定会出现较大的差异，这些差异将注定会阻碍我们人类的意识去认知和把控它们。怎么办？人类的意识便会企图从这些不同的存在形式及现象中找出它们共同的东西与内容，更希望从这些不同的前因后果的关联关系中找到某种共性，而这些被我们找到的共性就是现象之后的本质原因，也就是哲学中所说的法则、科学中的规律。力的概念与理论，特别是现代科学所掌握的关于力的这些理论知识，就属于从科学角度所诠释的这个哲学意义上的法则，也就是现象之后的本质原因。

由此可见，力的本质含义就是原因，存在状态发生变化的原因。由于科学过于自信地将存在状态发生变化的原因归结为某一种类的共性，便用力的概念来概括它的内容，这便是"力"的本来面目，也是科学领域力的概念的真正内涵，再由于经典力学所涉及的领域，力的这种内涵确实可以概括几乎所有的存在状态发生变化的原因共性，而且基于这样的解释和运用，科学取得了可观的发展与进步，人类享受到了由它带来的实惠，于是科学界在潜意识中便拥有了一种信服与顶礼膜拜的习惯性经验思维模式，认定牛顿创立的"力"就是一种固定不变的东西，一种不变的原因共性，仿佛它就是存在的一种形式，是一种存在。

现在，我们似乎可以告诉大家，"力"已经变成了一种阻碍人类知识进步的巨大阻力。因为，世界上不可能拥有固定不变的原因共性，特别是停留在原属于表层意义的存在形式与现象之间的原因，其共性的原因就更不会存在，至少不会那么简单而单一。

也许我们应当把持这样一种理念去认识我们的理智所面对的宇宙世界：存在形式及现象的层级越深，其背后起作用的原因可能会更加抽象。如果还有什么例外的话，那就是当存在世界拥有某一种终极的存在形式情况下，宇宙世界便会出现一个终极的法则，而这个法则即那个终极的动因将会变得最具体又最神奇。但是，这种情况又几乎不可能出现。

存在现象背后的实质原因之所以不会是简单而单一，很简单，因为存在形式之复杂、层级之烦琐，远远超过人类现已认知的程度，每一个、每一种、每一个层级的物质存在形式，不仅都占据一定体积和形式的空间，而且附着变化无穷的能量。对于目前人类的认知能力和水平来说，真正可以在意识中确定的存在只有空间、物体、物质、物质粒子、质量、物质元素，以及动能、热能、电能、光能、核能、量子等，它们远不及我们这些概念所能概括得了的物质及能量的存在形式，都是飘忽不定的、难以把控的概念内容和相对应的具体对象。

为了更准确和形象地理解存在世界的存在方式，我们可以将能量、物质、空间这三个东西换成另一种方式来思考，我们且将空间这个东西想象成我们面前一张巨大的平面格子，这张平面格子是一个个细小的由坚不可摧的材料隔开的小格子组成，然后，我们将物质想象为我们旁边放着的，一堆可以确定分开提取的无数个不同的化学原料，最后，我们将能量想象成另一边放着的无数种调和剂。想象之后，我们将一边的一种以及多种化学原料，配上另一边的一种及多种调和剂，无数种搭配组合提取放入空间这张巨大的格子里，我们便会发现格子里出现的纷繁复杂的东西及形态，可能这就是现在我们面对的这个真实存在世界的缩影。

通过这样的比方，我们可以确定，那个被我们定义为空间的东西是千篇一律的，而物质和能量却是笼统的抽象的，既然是笼统抽象的，那么在它的项下所意指的具体对象，毫无疑问就是变化无穷的。

存在形式如此复杂，并不意味着人类的意识无法认知，比如，我们将物体、物质、物质粒子、质量、物质元素这一类概念所指向的存在物及形式归结为物质，而将动能、热能、电能、光能、核能、量子这一类概念所指向的存在物及形式归结为能量，就是我们意识所做的一种认知与辨别。如果我们可以像在思维中确定空间那样确定我们对物质与能量的这种分辨，往下走，同样的道理，我们再去认知和分辨物质、能量以及它们之间或与空间之间的某些存在形式及现象，在逻辑上也是成立的。存在形式及现象既然可以认知和分辨，那么作为"力"这个概念所意指的存在状态发生变化的诸多原因，也是可以从思维逻辑方面进行分辨和认知的。

宇宙间的一切存在现象背后的万事万物间的那种因果关联联系，都是可以被人类意识认知的，存在有多么神奇，我们人类的精神意志就能够达到什么样的神奇程度，如果世界永远这样神奇下去，如果人类也能永存，精神意志终将有一天会超过自然世界的神奇，因为存在世界受着这样神奇因果关系的法则制约，而人类的精神却永远朝着放任和自由前进，如若不然，人类拿什么去改造世界、改造自然？

那么，回到科学的力的问题上，我们的工作就是诸多原因力中找出他们的共性，从令人头晕目眩的因果关联关系中找到存在现象背后的实质原因。

在电磁力、热辐射、光能中，我们找到的原因共性可能是辐射波；在辐射波和物体动能之间，我们可能会在共性原因问题上发生争议；在核能与辐射波、物体动能之间，我们就更不容易在其共性原因上达成共识，除了能量这个模糊的概念外，恐怕能被当作根本的东西就是那个能量量子了。于是乎，科学便草率地认为它们已经统一了三种力，实际上，问题并不是这么简单。

当科学把能量量子和天体引力现象放在一起时，同样是出现存在状态的变化，共性原因却怎么找都找不到，因为找不到作为能量的那个引力子。那么，假如宇宙间远不止科学所说的这四种力，我们是不是更加茫然不知所措？可以肯定地说，相信不止有四种力的科学工作者大有人在，而对哲学就更不是问题了，不是我们有意把问题人为地搞复杂，是因为那个被称作"力"的东西可能把我们的思路搞乱了。

还是回到力的问题上来。既然力不是一种存在，力只是表述一种现象，代表着物体运动背后的一种原因的内容，我们就完全可以弃用力的概念和内容来分析这四种力现象所指的物体存在状态变化的背后原因。既然我们创设了物质、能量和空间这三种基本的存在概念，那么，选择哪个来概括这背后的各种具体原因呢？如果非要三选一的话，我们显然只能选定能量，这应该没有争议，那么引力现象的原因又怎么在能量上体现呢？

我们在思考引力与能量的关联之前，首先还是要考虑查一下引力与质量的关联，因为现象明确地在说明引力与天体质量有关，质量大引力大，质量小引力小。这样，就有必要对质量这个问题进行详尽分析和辨别。

在本节前面的分析中，我们发现对于质量科学有两种截然不同的观点，一种认为质量代表着物质，质量是质量，能量是能量，许多粒子既有质量又有能量，有的可能只有能量，而另一种则认为就是物体所含能量的总量，质量与能量可以互换。那么究竟应该如何对待这两种观点呢？按照第一种观点，一个粒子如电子、光子、质子中都分别拥有质量，我们先暂时不管他们的证据和理由，假设真相如此，那么粒子中所含质量的这个部分或东西可以说基本上就是物质的终极存在形式了，一切物质的核心都是质量这个东西，那么质量就不是一种量度，而是一种物质存在形式并且几乎是终极的形式，另一方面，粒子中拥有能量，甚至有的只是拥有能量，那么拥有能量的这个部分或东西就是能量的终极存在形式，一切似乎就这样全解了，因为一切存在形式均由终极的形式演变而来。人类难道就这么轻而易举地找到了一切现象的终极原因或因子了吗？回答显然是否定的，很多实验和观测都可以对此验证。按照第二种观点，质量虽然代表物质的核心含义，但他们不愿用物质的概念，因为物质就是能量，能量就是物质，物质和能量的两个综合划分是个错误，不仅如此，持这种观点的科学家还坚信，能量也终将什么都不是，只有时间和空间是个永恒的存在。

然而，那个被科学创立和运用的质量概念，本来就不是用来代表物质的，而是用来说明物体的，说明物质实体的某种比较结果的量度，科学冠之为属性，质量用惯性及引力现象来比较和测量，因此质量也只是一个模糊的综合概念，而且是针对存在现象相互之间的比较。那么质量当中注定既有物质又有能量，因为物体是由物质和能量共同组成的，有谁能证明由纯粹物质或纯粹能量构成的物体存在？没有。又有谁能证明影响惯性和引力的知识物体中的那个纯粹物质成分，能量丝毫没有？肯定没有。

既然是这样，现代科学所确定下来的引力这个现象与质量这个量度概念有关，这本身就是个循环证明。引力本身只是个存在现象，这个现象的原因跟每一个物体的被综合成为"质量"的物质与能量内容有着必然的关联，但是现在质量也只是一个模糊的综合的比较的量度概念，我们也只能承认天体之间、物体之间相互吸引的存在现象背后的原因，与它们所含的物质能量都有关联，而且这种吸引力的大小程度可用另一种现象的比较量度来进行测算。

于是，我们可以肯定，科学关于地球、月亮、太阳系内其他行星的引力大小的测定，都是比较地球重力即吸引力而来，地球的吸引力所意指的关联的那个地球质量，绝不仅仅针对地球所含的纯物质。

另外，科学还有一个理由来说明质量意指物质概念，那就是物体天体的体积和密度，并以此来确定质量大小。其实，这个理由同样存在循环论证，因为密度指的是什么的密度、哪种粒子、哪种元素或者哪一级的可以确定的只有纯物质的存在形式？针对的东西不一样，结果将会大不相同。因此，密度这个概念有时还不如质量好参照好测算。

引力只是一种存在现象，我们正在寻找这个现象背后的原因，看它和其他的存在状态发生变化的背后原因有什么共性和关联。引力现象尽管普遍存在，但作为一个现象，我们绝对不能由于它的普遍存在就断定它一律存在，引力不可能万有，这已经有观测验证，引力只是现象而且不可能万有，那么我们就有理由和逻辑来断定：宇宙中可能会出现相邻的两个天体不是相互吸引而是相互排斥或互不影响状态的其他现象。假如出现这种存在现象，当我们面对它们时，我们就会更加确信，科学所说的引力只是存在状态发生变化的其中一种现象，力不是一种确定的东西，力只是各种引起这种存在状态发生变化的原因的总的代名词。现象变化无穷，原因多种多样，我们的任务是找出它们间的共性，这个共性就是规律。如果引力这种普遍存在现象的原因及共性我们不能知晓，那么，当面对宇宙中非引力特定存在现象时，恐怕除了惊呆之外，我们将无计可施。

关于引力和其他三种动力的现象背后共性原因，科学不能再盲目自信也不能固执，哲学也需要理性，需要看到科学已有的成就与认识，因为这是我们人类共同的任务，相互间应当取长补短，只有这样，人类的智慧才能真正提升。

前面我们刚刚说过，如果要从物质、能量、空间这三大组合原因中选取一个相对应的引力现象背后的原因，我们还是会像理解其他三种力那样选择能量，那么能量这个笼统的抽象存在形式，又是如何在这四种力中体现的呢？如果我们能够把这些现象和能量概念所包含的内容关联上，并在分别的具体的关联中找到共性，即使我们不敢说解决了问题，至少可以为人类的下一步探究指明了一个大的方向，人类认识和科学均不会迷失大的发展方向，否则容易误入歧途，以至于我们将会离真相越来越远，哪怕仅仅是一种科学猜想或者哲学分析，我们也期望它们更加接近存在的本身。

首先，如果将微观粒子的结构和宏观宇宙的量系、天体进行比较，我们会发现两者之间有着某种惊人的相似。就拿原子来说，原子核中有质子、中子，围绕它们运动的是若干不等的电子，在各种不同层级的粒子之间都是相对于粒子本身体积来说属于巨大无比的空隙。这样的空间位置布局，和恒星系、行星系等的宇宙星系、天体的空间布局及运动方式,是基本相同的,假如把微观无限放大到宇宙天体那样的级别,我们看到的似乎是同一种宇宙结构,分子可能就是微观宇宙的星云团,原子核似乎就是恒星,而电子就像行星那样自转和公转着,并且还可以跃迁变换运动轨道。在天体与天体之间,在粒子与粒子之间,级别不同,运动方式的相互关系就不同,特别是这种各自都在自转又各自围绕更高级别的组织系统公转(旋转或螺旋运动)的模式,简直是一模一样。建立这种运动模式,形成这样的自转与公转的存在形式,或者反过来破坏、改变这种运动模式及相对的存在形式,都涉及我们称之为能量的那种存在形式。那么,我们先不谈为什么会这样,仅就引力现象而言,几乎可以肯定地说,微观与宏观同样都出现了这样的存在现象,而且同样都会涉及创建与改变存在形式时所不可或缺的能量,看来,解释宇宙天体、星系间引力现象背后的原因,应该也就是如何理解微观粒子间引力现象之下的动因。

世间万物几乎全部是引力现象所表述的那样方式存在着,针对所涉及的每一个星系、天体、实体、粒子,我们用物质来表示它们,而实际上我们很清楚它们远不止我们所说的物质,还包括能量以及它们自身所占据的空间体积,而对于相关联地存在着、运动着的诸多星系间、天体间、天体与星系间、天体与实体间、实体与粒子间、粒子之间,它们共同的影响作用、共同的存在于各自所属的空间位置等,这样的综合存在及分布、运动、变化的内容,我们将它们称之为能量,而实际上我们也清楚,这种能量必定包含其中的个体物质形式,以及各自的空间位置的分布关系。简单地说,我们的物质概念主要针对的是存在的个体,能量则主要对应于共同的存在,而共同存在的核心便是相互间的运动关系及空间位置的分布。所以，我们将存在状态的这种相对的变化称之为力，也就是能量。

然后，我们再来看看电磁力。上面的分析让我们弄清楚了在微观与宏观即核力与引力现象比较之中，物质个体相互间的存在关系及空间位置分布所指向的能量内容，基本上是一致的，那么电磁力的现象又是如何呢？电磁力在能量的这一内容上是否也有某种共性呢？显然，电磁场对于这一问题的回答是肯定的，创建磁场需要能量，电可生磁，同时在磁场中运动变化也能产生能量，磁可生电，运动的电荷便是电流，电流如果被看作是共同存在于一个特定的空间的话，单独的磁场空间也就形成了，改变、创造这个磁场空间全都直接涉及能量，相同级别的粒子、电子之间，它们的存在关系也遵循着微观与宏观个体物质的法则，在产生这个电子、电荷的电源周围，分布着自转与圆周运动的数不胜数的电子类粒子。

如此说来，我们是不是可以说至少在大的方向性问题上，在主要涉及能量内容的这种空间存在关系方面，找到了创立某种相对应的运动存在关系或者改变它们原有这种关系，都需要能量或生产能量的共性，这个共性适用于人类已知的全部四种力的存在现象。反过来说，四种自然力现象都和能量相关。根据上面的分析，在能量这个复杂、抽象、笼统的概念内容中，四种自然力现象在物质个体间共存的空间位置关系的构建与改变的这个能量内容层面，拥有一致的共性。现在，我们还不能说完全了解电磁力与核力，也不能说已经解释了引力的原因，只有当我们真正掌握了为什么物质这个个体要以这样一种共同的空间分布形式存在，我们才找到了最核心的共同动因。但是就目前这个在能量方面的共性而言，我们还是可以用另一个概念来表述它，那就是场。场是诸多形式的个体物质在某个相对独立的空间内的一种共同存在、运动及变化，在这个空间场中，构建这种空间布局的存在涉及能量，改变这种空间布局也涉及能量，在这个场空间中，不同的个体物质形式、不同的运动方式以及它们不同的改变方式，涉及的能量形式都有可能不同。

如果区别于物质场、质量场以及能量场来说，我们应该更有理由相信，引力现象与能量的内在联系更为紧密和贴切，拿宇宙天体来讲，每一个天体的能量场远比质量场的范畴要大，在很多天体如地球表面，人类可以确定有很多空间结构层，其中，每一层的能量的多少很明显是不一样的，而且往往一个星系、天体的边界空间都会有一层属于自身的特殊的保护层，或者叫区别层、过渡层，这样的现象及特征说明，具体的空间都是相对独立的，在相对独立的某个空间之内，不同层级以及包容与被包容的能量场，在各自的场空间内左右着其中的物质个体，在这个场内，辐射、光、磁、电离子、电子以及我们未知的其他形式的能量充斥其中，不仅充斥于肉眼可见的实体与天体之间，而且有的会充斥于粒子与粒子之间，我们知道热能在粒子与粒子的空隙内传导，也知道光可透过玻璃，还知道电磁波形式的各种能量似乎可以穿越各种各样的空间，还有，我们人类目前不知道的具体其他特殊能力的能量形式究竟有多少，现在谁也无法估量。但是，现在，我们可以确定，场与波都和能量的形式与传递紧密相关，物质存在形式的存在现象都和能量的场与波的存在现象息息相关。

现在之所以将一切存在形式区别为物质和能量，并不是因为宇宙中有某种东西它只是属于物质而不属于能量，或者只是属于能量而不属于物质，即便有但人类目前还没有确定地找到，也许将来也永远找不到。科学关于物质和能量的区别在于一个有质量、一个没有质量，或者一个可以直接提供使可见物体存在状态发生变化的动力与动因，同时，科学还相信能量是一种终极的存在形式，物质的终极形式还是能量。显然，科学关于物质和能量的区别的分辨认识是混乱的、不确定的，这不仅在于质量概念的不确定性，而且在于上述三种认识本身就无法统一。

基于科学的三种关于物质与能量的区别意见，我们显然只能吸收采纳第二种观点，即能否直接或主要导致物体发生存在状态改变的内容，将是物质和能量的核心区别。如此一来，物质元素、物质各种形式，从严格意义上，我们把它们看作是自身确定不变，这个确定不变性表现在其空间结构及相应的空间位置（也许，这是前面所说的那种反能量使然），然后，我们再将那些导致这些物质形式发生改变的动因称之为能量，并基于物质的假定和能量的这种定性，我们去分析世界到底是什么样子，究竟是怎么回事，从而去思考现在的宇宙在发生什么变化，它由什么样的变化而来，又会变化成什么样子。

科学的力就是这样的定性，力的现象背后的原因就是能量，或者说主要内容是能量。

现在，我们还无法认定能量是一个具体的确定的或者终极的存在形式，能量的概念可以用动因或主要动因来概括。如果有一个物体发生存在状态的改变，例如两种元素放在一起发生化学反应导致的改变（如氢原子变成氦原子），我们在除去物质性质的内在原因之外，那个导致两种元素放在一起并能够发生化学反应的外在条件，以及能够导致氢原子变成氦原子的外在条件，不论这些外在条件是施加配备还是之后导致其他外在条件（如能量的释放）的变化，这些内容我们将其理解为能量。而对于某两种元素在一起在一定能量条件下可以发生化学反应生成新的东西并产生状态改变的这样一种性质，我们归结为物质的内容。对于氢原子会变成氦原子，我们同样视之为物质的性质。

哲学过去经常将某些变化的原因分为内因和外因，那么物质和能量内容的区分就是最根本的内因与外因的区分。在哲学上，是不能否定一切可能的存在的，比如氢原子变成氦原子，当中有一个能量的外在条件，那么氦原子也可能变成氢原子，当中也会有一个能量的外在条件，如果这两种情况出现，相应的能量情况，应该是不一样的，但很可能也不是正好相反。也就是说，统称能量的东西与内容不是那么简单，能量不可能是某种确定的具体的终极的东西与内容，那么能量就会有多种多样的形式。

我们不能因为热能与动能可以相互转换（比如磁生电、电生磁，电能可转成动能），动能可转成电能，就据此判断核能可以转成热能，热能也可以转成核能，弱核力可以转成强核力，动能可以转化成强核力。每一种不同的科学定义的能量形式，它的出现、产生条件以及带来的运动、变化都是不同的，而这些不同之处的内容常常是丰富的、复杂的，简单地颠倒过来，进行反变，如热能和动能、动能和电能的相互转化，就是其中最简单的情况，所以人类比较容易掌握他们，但核能与动能、动能和X射线、红外线、可见光等就不是那么简单了，尽管有些在传递形式上接近相同，这些个能量形式的产生条件与后果作用或作用性质，显然完全不同，如果再谈及直接相互转化，则更是难上加难。

所以，我们可以确定地说，能量是一个非常复杂的原因及形式，不能直接相互转化的各种形式，统统归纳为能量，我们不能说它是总量守恒的。科学的能量守恒，认识是错误的，因为能量不是一种终极的具体存在形式，当科学解决不了热能、动能转变成了强核力，解决不了动能转变成了引力的时候，科学就不能妄下这样的守恒结论，如果说有某种守恒的话，那就是物质与能量的总存在的守恒，而具体针对引力现象背后的那个具体的能量形式而言，它首先是一种场的形式，具有空间的相对特性，另外，它与这个相对空间内的物质能量的总量有关，在这个空间场中，由总物质能量所展现的空间分布情况，即密度决定了场的中心及空间分布，还有一点可以通过比较来确定，那就是引力的场与电磁场不同，相同的只是相对空间特性及体积方面引力的能量特性，即与核能的性质相似，那就是在相对的空间体积的空间内的分布几乎一致，可以说，引力能的形式拥有电磁能与核能所各自拥有的两种不同的性质与内容。

第三节　波

科学界自认为已经统一了关于微观世界的认识，因为他们确定作为电磁波的光具有粒子性，而原来认为是粒子的电子、中子、原子等也具有波动性，也就是说所有微观粒子都具有科学所称的波粒二象性，即：既是波又是粒子。

许多人包括一些科学界的人士在逻辑上难以接受这样的结论。难道人类成千上万年以来所形成的经验思维和思维习惯，一下子就被波粒二象性这样的说法给搅乱颠覆了吗？就拿光来说，科学确定它既是波又是粒子，但是，正常人依然不禁会问，光究竟是波还是粒子？波是不是粒子？粒子是不是波？

现代人类在时间、空间以及被称为力的运动状态发生改变的动因等诸多方面已经出现了许多混乱，看来，在科学的波粒二象性问题上也会很容易把我们搞得一头雾水的。自古希腊人至今，虽然理解看不见的原子、亚原子粒子等这样一类粒子有些困难，但是，我们人类在自己的思维中还是可以建立起一个具有空间性质内容的粒子形状的物质、能量存在形式的，那些由它们组成的有形可见的物质实体就更容易理解了，但是现在，波是什么东西，波对于一个作为粒子形状的物质、能量的综合个体而言意味着什么？人类思维确实在此碰到了逻辑难题。

如果波本身不是什么东西，而是像许许多多水分子组成的液态水在外力作用下所泛起的涟漪，那么我们非常好理解，因为波对于水分子或水分子中的氢氧原子来说什么意味都没有，所以我们没有据此认定水分子具有波粒二象性；如果波如同声音在空气或水中那样传播，我们也可以理解，因为声波什么东西都不是，它只是空气和水的震动。由此我们便很轻松自如地确信，水波和声波这类被科学称之为机械波的东西什么都不是，他们只是物质、能量存在形式的一种存在现象，水波和声波本身不是一种存在形式，既不是物质也不是能量，最多只是能量传导时或者物质震动传导时所表现出来的一种综合状态与现象。

机械波从波源处向四周扩散开去，显而易见，它并没有某种独立的存在形式，然而，对于科学为我们解析的电磁波及物质波来说，情况则变得大不一样。

科学认为电磁波是由相同振荡且互相垂直的电场与磁场在空间中以波的形式移动，其传播方向垂直于电场，电磁波在真空中的速率固定为光速，根据波长和频率的不同，电磁波又可分为无线电波、微波、红外线、可见光、紫外线、X射线、伽马射线等，在电磁波中所涉及的粒子有光子、电子、电离子，可能还会有中子的身影。

而物质波则被认定为物质粒子在空间中某点某时刻可能出现的几率，科学界认为电子、中子和质子等一切微观粒子的运动是无法确定的，这就是海森堡提出的量子力学的一个基本原理，即不确定性原理，我们绝不能同时知道亚原子粒子的速度和位置，而只能计算它们出现在某一地点的概率，证明这一说法和论断的实验就是著名的双缝电子干涉实验，也叫电子衍射实验，即当一束电子射向带有两个小缝的一块屏幕，在屏幕后面有一张底片，这个底片上出现的不是两个小斑点，而是某种干涉带波纹形的图样，一排间隔相同的若干堆粒子投影。对于物质波中的粒子在给定点出现的概率，则应根据薛定谔的波函数方程来计算。关于物质波的这些科学认识属于量子物理的重要内容，它似乎正在颠覆人类已往的常识，而且极容易导致今后的人们思维出现混乱。

与机械波相比，电磁波和物质波都是微观粒子本身的运动状态或特性，作为某种普遍出现的运动状态或运动特性，机械波应当被认为是一种存在现象，但是，很显然电磁波、物质波这一存在的现象和机械波相比是完全不同的两种现象，本质完全不同，机械波是物体的振动，电磁波和物质波是粒子本身的传播与运动特性。

机械波与电磁波还可以称为波，因为不论是机械波的物质振动波形，还是电磁波粒子的电磁的周期变化传播方式，都有一个共同的内容与特征，那就是这种振动波形和周期变化的传播方式，都会出现和发生反射、衍射、干涉、散射、吸收现象，也就是说，波的含义可能不是指像波浪那样的形态，也可能不是指某个场或粒子集体向外传播时所遵循的周期批次的特点，但作为波的这种存在现象，必须具有反射、衍射、干涉、散射、吸收等现象特征，否则，无法称其为波。

但是物质波就完全不同，物质波只是指微观粒子出现的几率和概率。如果机械波概括为振动，电磁波概括为波次，那么物质波就只能说是几率，几率是数学上的概念，没有任何形象思维的意义在其中，作为几率实质的微观粒子运动和出现的特性，应该说和波的概念的核心内容完全联系不上。

我们不清楚，当初科学家通过双缝电子衍射实验得出电子具有波动性的逻辑道理是什么，但是，我们可确信，假如不是两个小洞而是三个或更多，假如屏幕和底片间的距离足够近或足够远，假如屏幕和底片的平整度差异巨大，我们敢肯定，那个底片上的一字排开的间隔相同的粒子堆的投影，将绝对不会出现。

假如这样的情况不存在，我们何以得出电子具有波动性的结论？

仅凭微观粒子出现的某个位置的几率，无法跟我们已有的波的概念内容联系起来，那么，我们就可以说科学家解释的物质波不具有波动性，物质波不是波。

回到波的反射、衍射、干涉、散射、吸收等现象，可能不是全部的微观粒子都具有这样的运动特性及功能，但毫无疑问有不少微观粒子确实具备这样的特性，不仅自然界的机械波有这样的特性，电磁波中的粒子以及非电磁波的某些微观粒子也都具有反射、衍射、干涉、散射、吸收等类的特性功能，那么，这种波的现象以及现象背后的原因就是我们应该思考的主要内容。

粒子当被我们认定为某一级别的存在形式时，粒是它们的形，粒形的内容归属于粒子类的物质、能量存在形式所对应的空间部分。而波则不同，波是针对物质实体及粒子本身的运动特性而言的，波的真正内容不是指存在形式的形状，而是指存在形式的运动状态及特性的。

基于现在人类的认知能力，我们还不敢说所有的存在形式的粒子都具有波的那个不能自主把持自己空间位置的特性，但我们可以肯定，不是所有的存在形式都具有波的那个根本特性，如果根据前面一章中我们对于能量两种本质特性的分析，特别是反能量的作用，就更敢肯定了。

那么，光到底是波还是粒子呢？对于光这种主要为能量的存在形式来说，确实它既有粒形又有波形，光既是波又是粒子。但是，基于前面这么多的研究与思考，如果简单地这么回答是波还是粒子，即如此来看待像光子这类微观粒子的话，显然是不能令人满意的。就一粒光子而言，我们人类很难想象，它如果不是沿着直线向外传播运动，会是什么样的一种状态？人类的意识逻辑无法接受这样的一种境况：作为一个粒子形状的物质、能量的存在形式，它会沿着波动曲线行进。同时，我们的意识逻辑也没法接受另一种情境的存在，那就是一个不受任何干扰的在真空中运行的光子会没有方向地乱跑，光子的前进路线没有任何规律可循，只有当许多光子在某个环境中才会按照某种所谓的几率出现在不同的位置。

不是人类意识逻辑无法接受的就一定不存在，但这个可以被人类意识认知的存在世界处处在告诉我们，符合人类意识逻辑的往往会存在。好在，光属于电磁辐射的一种，而对于辐射科学是这样界定的：辐射是能量以电磁波或亚原子粒子形态向外直线扩散。可见能量向外辐射都是沿着直线进行的，光是其中的一种，光走直线，也是人类感觉器官可以清楚感知到的。

由此可见，科学所说的波粒二象性中的粒性是针对微观粒子的个体形状而言的，与微观粒子出现的集合场景无关，而波粒二象性中的波性并不是指示每一个微观粒子个体的运动路线是波状的。波粒二象性中的波性这种存在现象尤其值得研究与思考。

经过前面的分析，特别是在比较机械波、电磁波、物质波的区别联系后，我们发现物质波其实并不具有波性。几率与波性完全不同，只有这种几率在时间与空间的分布上呈现出周期性时，这种几率方称得上波性，特别是几率大小的峰值出现这种情况时，我们才会更愿意接受它是一种波。很明显，科学家所阐述的微观粒子的出现几率并没有达到这样一种严格程度，在前面，我们还是提到过波性还有一个重要内容，那就是具备反射、干涉、衍射、散射功能，作为微观粒子的某些种类的个体或个体的集合，经常会出现这种现象和特性，不仅微观粒子有这种特性，作为机械波也有这样一些特性，于是对于波这种存在现象，我们是不是就可以这样来总结一下它的全部实质内容？

首先，波的现象要求存在形式的运动具有某种周期性，这种周期性表现在出现和运动的波次、批次、频率以及几率峰值在时间与空间的均匀分布。当然，我们现在所了解的波的现象的周期性主要是时间、空间间隔较小的方面。其次，波的现象要求这种存在形式的微观粒子个体或集合均具备反射、干涉、衍射、散射、吸收等类的特性与功能，当这种特性功能与周期性进行完美结合时，波的完整形象就可以确立。

作为任何一个物质个体来说，不论是粒子还是实体甚或是天体，它本身无法涉及波次、批次、频率、几率的均匀峰值这类问题，波的这种周期性内容涉及的是存在形式的集体，特别是某种特定情况下特定种类或级别的存在形式，因此波的周期性针对的不是粒子个体，然而，波的反射、干涉、衍射、散射、吸收等这类特性不仅针对粒子个体，也针对这类粒子的集合而言，在科学所研究的波粒二象性的问题领域，波与粒似乎在这一方面达到了相通与共融。

我们可以这样来想象一下，为什么物质、能量存在形式的微观形状，甚至自然观及宏观的形状基本上都是圆形、球形、粒子形？为什么天体运行的轨道都是圆形？为什么微观形状不是永无止境的长长的丝状或带状？为什么不是其他数不胜数的奇形怪状，而偏偏是粒子球形？如果是粒子球形，要么它是铅球那样的难以移动自己的空间位置，要么它可能就是乒乓球那样来回反弹容易受到干扰，而难以稳定下来。如果我们把光子这类具有我们现在所称的波性的粒子比作是一粒子弹，一粒会弹射、反弹、干扰、吸收等类的子弹，用一挺机枪来发射，它肯定是直线而不是波线前行的，而发射后这种特殊的子弹会反弹，会受到干扰甚至被吸收，往往在整个前行过程中它还在不停地自旋。再假设不是一挺机枪而是一排这类机枪来操作，而且根据某种特定的条件和情况来发射（因为波源处我们可以把这些条件和情况视为统一的），那么，一波波子弹被射出去，波就这样展现在我们的眼前。反过来，假如每一颗子弹都系着一条长长的线，子弹的粗细大小和线无法分辨，那么我们所见到的情景无论如何也和波联系不到一起。

看来，是物质、能量存在形式的粒性导致了波的周期性和反射、干涉、衍射、散射、吸收等的不自主性，这种不自主性就是活跃性，或者说就是能量的离散游离性。

如果没有空气中的粒子与水中粒子的震动传导，声音这种机械波无法传播，震动的钢片在没有或者缺乏这些粒子的真空中，其动能的这种振动波的传播就没有了介质，而粒子自己的传播则不需要介质，这便是机械波与电磁波及某些微观粒子可能会出现的波现象的本质区别，从这一本质区别的内容当中，我们不难发现，假如粒子与粒子间的结构越稳固，比如一个铅球、一块钢板、一座山、一个星球，波的现象便不容易出现或者不容易传播，粒子本身的活跃性及粒子之间的稳固性或空间的虚实状况，都会对波的现象产生直接的影响。

缺乏自主性的粒子显然是活跃的，相反，稳固不动和自主空间位置感较强的粒子，可能不具有反射、干涉、衍射、散射、吸收等的特性功能，它们可能就是不活跃的，当然，一切都是相对而言的。对于那些活跃的微观粒子，它们会产生波的现象，由于是粒形又会出现周期特征，但总体来说它们似乎就是一切运动与活动的根本动因，因此，我们几乎可以确定这类粒子本身所含的能量成分应该比物质要多，相反，那么不太活跃的所含物质成分就会多些，假如在微观粒子当中非要进行物质质量和能量的划分，那么这些活跃的空间位置自主性差的应该接近能量粒子，不活跃的空间位置自主性强的便接近物质粒子。

这样的情况，正好印证了我们前面关于物质与能量的区分，以及能量两种性质与种类的区分。

在现有的物质与能量的区分概念上，波的现象和力的现象一样，让我们人类意识再一次确信自己的逻辑判断，尽管将来我们的这一区分会被证明是一个最基本的错误，就像量子物理学家认定物质是能量的震动一样。但是，人类这样的区分至少在相当长的一段时间内还是有其实际效用的，人类的认知不仅常常建立在假设与猜想当中，而且往往开始于这种错误的假定并会长期坚守此种错误。

那些具有反射、干涉、衍射、散射、吸收等特性功能的粒子及波性，不仅是在说明某种活跃性或能量，这个现象应该还可以证明一个问题，那就是这种粒子性及波性表明所涉及的微观粒子既具有独立性又具有与其他存在形式的交融性或相互作用性，这种独立性表明作为微观的存在形式不易受到周围各种能量力的影响，作为一种最基本的存在形式独立存在着，而交融性也许就表明能量的交换、物质的变化最基本的动因。所有存在形式之所以它们在那里，又不断地运动着、变化着，最根本的原因应该就是各种不同层次的微观粒子所具有的这种独立性、自主性、活跃性与交融性。

波的现象及针对波现象的分析，让我们确认科学家所揭示的物质波实际上并不是波。在我们人类最简单的意识中，波肯定是一种运动的形态，而且不是某一个微观粒子的波形线路的运动形态，波指的是群体粒子的周期性被四散激发的运动形态，这说明波和粒完全是两回事，在机械波中介质粒子受干扰震动传播，电磁波粒子直接被激发参与并周期性出现和运行，尽管在介质粒子和电磁波粒子的基本粒子方面一致，但这两种波本质是不同的。机械波根本上涉及不到粒子，谈不上波粒二象性，只有电磁波具有科学家所揭示的波粒二象性，而物质波与电磁波相同的是粒子性，但作为周期性要求的波性，物质波则根本谈不上，物质波的波性仅仅停留在某种出现的几率上，而这种几率在周期性以及群体的反射、衍射、散射、干涉、吸收等特性方面没有任何体现，因此波粒二象性与物质波无关，或者说物质、能量的微观粒子所展现的本身就是它们自己的微观粒子性，根本没有波性，那种几率本身就是粒子性的内容。

科学界意图统一波与粒的尝试，应该是不必要的，那种认为一个粒子附带着在时空中的波性，我们很难想象这种波性指的究竟是某种周期性还是某种几率，恐怕哪种都不是。如果这种波性被描绘成粒子波，单个粒子与单个波如何理解？单个粒子好理解，但是，单个波是什么样子？说单个粒子即是单个波就更无法理解了。

既然物质波的波性实际就是微观粒子的粒子性，那么，我们可以基于粒子及粒子性本身进行研究分析，而完全没有必要被那些面对电磁波所进行的波粒二象性定义的科学家的某种简明扼要的描述所误导。实际上，波性和粒性是两回事，但波性就是粒性的某种运动及表现形式，也是粒性所产生出来的一种存在现象。

第四节 粒 子

所有的存在形式，最终让我们人类能够感知到的形式，往大了说是球体和圆形，往小了说是粒子的样式，作为粒子的结构样式以及球体与圆形的空间布局，就成了所有存在形式在追根究底之后几乎可以完全归结为一个统一的形式，而这一特点也就是接下来我们需要思考的另一个普遍的存在现象。这一粒子的存在现象我们可以简单地概括为这样一个问题，那就是世界为什么在根本上是圆的。

存在世界往微观、宏观以及自然可观的世界上看，究竟本来是什么样子，这不是哲学家或科学家主观去想象的，它是什么样就是什么样。美丽的辞藻和玄妙的想象不能去构建存在世界的空间结构，因为人类的感官最容易把握的就是它的空间形态，而空间形态的诸多内容当中最容易把握的又是体积的大小和形状。存在形式的各种运动、变化以及与此相关的所有要素中，作为某一确定的形状对于人类意识来说是最好确定的，因为这不需要逻辑推理，也不需要经验判断，该是什么样子，一看便知。

存在形式的粒子形状，除了表现为不同层级的粒子存在形式之外，主要表述的就是这些不同层级的粒子和粒形空间样式，当然这种粒形不一定是有一个明显边界的小球体，可能会是像太阳系那样拥有一个大致轮廓的主体核心和一个大致圆形轨道的边际空间范围，也可能会是别的大致为圆球形的相对空间领地，而这些领地只归属粒子自身。这，就是我们所理解的粒形。

在前面一节中，我们发现波性的本质实际就是这种粒形的粒子性。粒形的现象拥有这样一些特点：首先，粒子与粒子间不是连续的，也就是说是有空间距离的，这个空间距离方面的粒性决定了所有存在形式所占据空间体积的主要内容；其次，粒子与粒子之间又是包容、被包容或者既独立又相互作用、影响，保持着某种相对确定的空间结构或距离的，即粒子间不是连续的而是独立的，但相互间具有某些空间位置关系；另外，不同层级不同种类的粒子会具备不同的特性或相互作用影响力，而相同层级相同种类的粒子的特性与能力则相仿，所以，同一种粒子在被激发逃离本体而向四周扩散时，它们被激发逃逸的条件相同，但却不连续，各粒子间同时还是独立地存在而不受影响，于是，就表现出波的特性。

很难想象，物质及能量的微观存在形式如果不是粒子形态，力与波的现象如何出现。存在的世界肯定彼此缠绕处于一片混乱当中，运动和变化将无法产生和进行，那么，这个世界注定会是死的，人类也不可能出现。看来，正是粒形让我们世界千变万化丰富多彩的。

相同的粒子产生条件应该相同，环境相同且相互不影响的粒子，应该最有可能产生相同的粒子，相应地，不同的粒子尽管各自独立，相互间却会出现作用与影响，当然它们产生的条件、环境也应该会不一样。科学家通过实验观测将存在关系不同的、内容特性不同的粒子命名为各种不同种类或层级的粒子，由此我们认识了在这个世界上存在着数不胜数的各种粒子。

量子物理认为力是由交换一份份能量即交换不同的量子产生的，并将这些量子定义为光子、W玻色子、π介子、胶子等，不仅如此，量子物理据此还认为他们的这种发现与方法能够把关于电磁力、弱力和强力的定律统一起来，具体地说，是在它们之间有各种不同的量子起着媒介作用，因此，四种力中的三种（不包括引力）就通过量子理论被统一起来。对于量子物理所构建的各种不同量子的粒子来说，其真实存在性特别是各种量子的存在、产生、交换、粘连甚至湮灭、消失的具体情况，都是不确定的和值得质疑的。量子作为一个基本的粒子之一，它的存在、产生、交换或转变成别的存在形式，不能简单地对应三种力，三种不同的能量粒子在物质粒子间进行粘连或者交换，且不说对应三种力来命名量子的主观性显而易见，能量粒子在物质粒子间碰撞交换或粘连胶合，这种简单的自然观的设想，很难想象在微观中是怎么具体进行和实现的。是在不停地碰撞中不停地交换？还是时时刻刻像万能胶那样粘连？量子从哪里来、由什么产生没有说清，暂且不论，量子不停地交换还是偶尔交换，或是什么具体的交换，以及为什么在碰撞时交换……这些具体的问题，特别是通过交换如何相互影响空间位置的力的现象，无法给出一整套可以衔接的描述及验证，因此，量子理论的各种量子粒子的存在性从意识的根本上说无法令人信服或者尚不充分。尽管像力的现象中的原因力在不清楚的情况下就可以利用力的现象和规律解决现实中的很多问题一样，量子理论确实在表面上有其实用价值，但是作为认知世界的本来面目而言，量子理论中的量子显然是有问题的。

另外，将终极或接近终极存在的存在形式严格区分为物质与能量，本来就起源于我们人类的意识与认知，实际上我们有理由相信，尽管我们依然会长期坚守这样的区分，但现实很可能本来就不存在什么能量和物质的粒子分别。物质粒子不是非能量粒子，能量粒子也就未必单纯存在，粒子在微观世界中所具有的某些天生的特性与功能完全可以帮助人类去理解物质与能量的含义。比如电子的排斥与吸引特性在作为物质粒子情况下就很好地解释了能量的来源，而不需要一律经过交换或转换为光子才得以完成。当科学家确定质子为正电荷、电子为负电荷时，同样我们不知道为什么电子与质子始终保持着原子空间内最大的距离，为什么电子与质子不是相吸而合二为一？所谓的离心力，认为它和电子间的吸引力基本上是没有人相信的，因为引力与离心力在宏观世界的演绎已经让人熟知，而微观世界的那个引力，跟离心力和电力相比应该小得几乎可以不计。

显然，量子物理除了提出用一种新的能量粒子来解释电磁力、弱力和强力，在方法上一致以外，其他的几乎所有形式与内容都是不同的，所谓量子物理统一了三种力根本不成立。电磁力中的光子到底是电子跃迁从一个轨道变到另一个轨道上释放出一个光子，还是在正负电子碰撞时湮灭成一个光子，至今依然不能说能够确定哪个就是真相，特别是光子被大量释放出来后，最终变成了什么，也是无解。另外，哲学还承接了一个科学无法涉及的命题，那就是光是否会达到宇宙的边界。可见，仅电磁力的这些问题内容便和那种胶合、粘连、交换的能量粒子有本质的不同，我们只需提出这样一个问题便已足够：W玻色子、π介子和胶子会和光子那样释放出来并照耀或者温暖这个宇宙吗？科学家尽管说在实验过程中特别是在粒子碰撞后出现的数以百计的亚原子粒子中，发现了如玻色子等量子粒子，但是它是否真的就是科学家在理论上所定义的那些个量子，抑或真的具备交换、粘连、胶合的功能特性，其证明的力度及理论的可信度也都是有问题的。

退一步，我们假设各粒子间的作用确实能由某种能量粒子从中完成，但是，作为某个物体运动或改变运动的动能以及引力能，显然和某些中间起作用的能量粒子毫无关系。我们关于能量概念的理解在这个根本性问题上就出现了严重分歧，我们应该相信哪个呢？或者我们是否还坚信能量与物质的概念区分呢？到现在我们研究分析的微观粒子层面，似乎可以确定一个问题，物质与能量的存在形式划分或者两种不同性质概念的区分，在追溯根本或终极存在的道路上已经没有任何实质意义了！那是人类的认知能力使然，但并不能确定这就是世界本来的真相。

也许，将来我们会坚信粒子就是粒子，不同的粒子会拥有不同的特性与功能，有时会展现动能，而有时则会主要体现其物质性，也许，认识粒子的特性比坚守物质、质量或能量、量子要有用得多。

现在，众多而神秘的粒子客观存在，引发我们科学家无数的猜想及实验验证，许多现象与问题依然不能说已经得到令人信服的彻底的解决，比如电子与原子核的距离保持、中子和质子的变换及结合方式、质子与中子内部所含粒子，等等，甚至可以说在原子之间、分子之间的化学键理论，也不能说完全可以确定，因为既然绕核电子与原子核间有吸引力，那么它们之间保持的空间距离就很难解释，原子核间有排斥力，那么它们之间碰撞及自由电子或公共电子产生之间关联的推测也无从解决，等等，似乎一切都不是那么简单而单一，相反，既排斥又吸引，既保持距离又不易逃离的联系，既保持距离又会碰撞或者变换结合，哲学中所谓的既矛盾对立又统一的局面在微观粒子中确实普遍适用。

最神秘的还不是粒子的这些问题与相互间的作用关系，最神秘的当属粒子的正反属性，即粒子与反粒子。科学家已经证明有反质子、反中子、正电子与负电子、中微子与反中微子等的存在。现实中的存在似乎正从根本上证实正反存在形式观点的正确性！现在，科学关于粒子及反粒子的实验及描绘，给我们留下了一连串的问题，反粒子既然确实存在，那么，在科学界已经给出的原子、原子核、电子、中子、中微子甚至这当中的某些量子微观结构图中，反粒子们都隐身何处？既然粒子与反粒子有对应存在性，那么，反粒子应该也和粒子一样具有存在性，即反粒子也是一种基本的存在，那么反粒子又是如何存在的呢？另外，反粒子作为一种对应的存在，其数量是否和粒子相当？还有，反粒子作为一种存在，它应该也是可以转换存在形式的，而不至于消失得无影无踪，但是科学界告诉我们，反粒子遇到正粒子时便会湮灭，如果是这样，我们所见所用的一切物质又何以展现？

从正反粒子的这些神秘性中，我们似乎看到光子就是这样的神秘结合。假如正反粒子的湮灭特性真实存在，那么，我们是否可以想象到，宇宙真空中充满了这种正反粒子的湮灭东西和光子的终极变换形式，而且这个空间可能就是它们的现实存在形式，否则，为什么距离恒星越远温度会越低？如果真是这样，那么我们便可以回答那个遗留给哲学的难题了，光到了宇宙的边际便没有了光，光就是那个空间，一切粒子形式的湮灭，其终极存在形式可能就是我们熟知的空间的部分。我们可以说空间便是由它们共同撑起的存在。

反粒子的不易把控性也许将是我们人类认知世界面临的最大的难题，但是，我们应当确信它们确实存在，在所有各种粒子之间的那种忽离忽近、相互转换的关系中，我们所面对的所有无法彻底解释的存在现象，应该有反粒子从中起着以往经验所无法理解的神秘作用，就拿电子来说，那种吸引与排斥的作用便是这种神秘作用，也许电力的真正来源不是粒子间的相互吸引，却恰恰是粒子间的各自排斥，如果是吸引到一起就会湮灭全无，动力与动力之物又何以存在呢？

在微观粒子的结构中，我们现在的理解大多是以各粒子间距离远近来区分的，比如电子离原子核远，而中子与原子要近得多，于是电子绕原子核运转，所以我们认为是中子和质子组成原子核，诸如此类，这种空间距离的远近关系已经成为我们分辨不同粒子的重要标志。另外，像原子核即中子与质子的结构核能与电子与原子核间电力两者之间的强弱，也是我们分辨粒子结构的另一重要依据。但是，我们可以想见，在那么多令人眼花缭乱的各种粒子之间，距离远近关系和能量即相互间结构关系的稳固度，将不可能一律适用，因为距离的关联及分辨在微观是无法完成的，而结构关系的稳固度则更无法实现。那么，我们应该怎么办？

此时，粒子与反粒子的共同存在，特别是反粒子与正粒子的真正区别和共同之处，便会起到无可比拟的作用。但是，科学界目前仅有的两者性质完全相同的认识，显然是不够用的，从哲学上讲，既然是正反粒子，那它们的正反体现在何处呢？性质几乎完全相同的认识只能证明我们还没有任何认识。

粒子的一致空间形态即粒形以及粒子空间结构，都在指向一个对象即空间。粒子与空间的关联应该是物质、能量存在形成与空间存在之间的最基本的关系，今天的人类了解物质与能量的真正含义已经有信心将研究的对象锁定在各种粒子本身的特性以及相互间存在关系上面。然而，人们关于空间的概念及内涵却难以确定：空间到底是那种什么都不是，只是物质所占据的体积大小的一种感性描述呢？还是空间与实实在在的物质、能量粒子之间有着某种几乎可以相等同的关联呢？当恒星不停地向着空洞的真空中释放各种辐射粒子时，真空还是那种真空，除了远近的温度有区别外，似乎全都空无一物，但是，那么多辐射出来的粒子存在，又何以不存在了呢？如果不存在即消失或者湮灭了，那么粒子又是怎么产生的呢？难道真的有这样一种法则：无中生有、有中生无吗？另外，远近不同温度不同，那个可以感知和确定的温度又是什么呢？也许真空本身涉及不到温度，只有像温度计那种物质放进不同的真空中，才会有温度，温度所指向的对象不是这个空间而是真空中的物质存在。但是，真空、空间作为物质、能量存在形式包括粒子存在的所处场所，毫无疑问时刻在接纳着各种肉眼看不见的粒子，同时也会源源不断地供应粒子演变转化所需要的条件，也许这些条件、场所中涉及的会是捉摸不定的其他更加微小的粒子。

总之，真空不真，真空或许更加复杂更加难以把握。

我们人类尽管在许多方面都很容易掺杂主观的前置条件去认知客观事物，但是，对于像粒子或者更加微小的存在形式，我们则会更加相信它们是最确定的一种存在，而作为存在，粒子特别是组成粒子的更小的存在粒子，是不会凭空消失湮灭的，它一定是转换成别的什么粒子或其他的某种存在形式。

空间就是一种神秘的存在，空间的形状、大小是人类感知物质存在形式的表象概念工具，同时，空间的距离、体积以及它们所代表的存在场所，又都是客观存在事物共存同在的存在，存在形式以此证明它们在那里。然而，当像光子等类的辐射粒子不断融入那个在那里的真空中之后，粒子们又在哪里呢？假如粒子不会有中生无，那么，我们应该可以确定，粒子与真空的转换及变换就是那种最终极的变换形式。

在微观粒子与粒子之间，那种和距离、空间以及包含与被包含的存在关系，其实就是我们此前不断探讨的最基本的能量存在形式，用科学的语言来说就是力，也就是我们所说的那种存在及运动、变化的原因力。只不过我们人类认识能量是从运动、变化开始的，直到我们认识到原子与原子间、原子核内质子与中子间之类的那些稳固与更稳固的空间结构关系即结合能时，能量的概念应该说获得了重大扩展。能量不仅指那些动与变中的动因，而且包括那些稳固不变甚至千年不化的共存关系，当然，所有这些动因与共存关系必须是确实建立的，就像相邻的原子之间，一个原子核内的质子与中子之间，也就是说必须是在某个相对独立的空间之内，而这个相对独立的空间，我们也就是基于这些动因与共存的关系来确立的。所以说，粒子之间的各种不同情形的共存关系、相互作用关系，就是最基本的能量来源，假如有某个粒子特立独行且再也无法分割，那么它就是最基本的终极存在形式，它既不会是能量也不会是物质，也许连空间也没有。可见，终极不变的存在形式很难想象，如果非要说有这种粒子的话，那么它可能什么都是，它什么都能变，而导致它什么都是什么都能变的条件，就是更加无法形容的神秘莫测了，目前人类可以想象的能与之匹配的东西只有一个，那就是人类的意识。

通过对粒子的分析，我们可以确定空间的神秘，也可以确定那个能量概念原来是多么抽象，那种想要通过某些专门的粒子来全盘代替不同层级的能量形式的做法，即用量子理论继续往下深究的愿望，可以说是没有前途的。粒子物理有能力涵括和代替量子理论，也可以涵括和代替宇宙天文物理；而那个让我们人类熟悉而陌生的引力，或许就隐身于某些粒子之间的某种共存的空间关系当中，而这种共存的相对独立空间关系不仅在其中维系了简单的平衡，而且超出这个空间又是不平衡，不仅不平衡而且这种不平衡还可以叠加，就像太阳系中行星与太阳之间维系平衡，但在此之外不平衡还远未到头。也许电子与原子核之间就存在这种不平衡，比如质子、中子远超电子的那种共存失衡还可以叠加，总之，像引力那种天体与物体间的空间共存关系，应该可以从粒子间的关联及粒子的某些特性中找到答案，而这种关联及特性则绝不会单指某个能量粒子，如引力子。一句话，能量的实质更多是指粒子间的共存关系，而不是指某个种类的粒子本身所具有的推动力。

我们思考了粒子的粒形问题、层级问题、能量与物质区分问题、相互间空间位置的关系问题，以及正反属性问题与空间存在的关系问题，应该说有了一些不是完全可以确定的模糊理解：粒子可能会由多种层级的形式共同存在，而不是由更小或最小的某个特定粒子构成，即那个最终极的存在形式就是终极的粒子或许根本不存在；不仅如此，粒子可能还没有物质与能量的概念之分，粒子还有正反属性，而且在粒子与粒子之间所体现的距离关系，以及空间位置关系，神秘而且相当重要，而在那个空间存在中，肯定充满了各种粒子，同时在它们之间是否还会存在什么都不是的空间距离？我们只能从自身的逻辑思维中坚信，粒子应该是在不停转换当中，粒子不应该凭空消失，作为基本的存在形式，它们应该始终会在那里，占据着一定的空间位置。

往下，我们还应该来思考一下粒子的同质问题。

罗素相信，粒子只有位置上的不同，而没有性质上的不同，他认为物质同质的假定应当成立。罗素的判断是基于所有化学问题都可以归结为物理的粒子原理知识的，如果这个判断就是真相，那么，粒子的性质属性都可以归结为一种终极的粒子形式以及相互间不同的空间位置关系。在终极的粒子形式没有确定之前，科学的所有重心都应当集中到粒子与粒子之间的空间位置及距离关系上，而这个空间位置及距离关系本身就是前面我们所分析的能量的本质内容。

如果简单地从中子、质子组成不同原子的数量关系当中看，罗素的判断是正确的，但是，如果将反粒子考虑进去，甚至深入思考一下电子为何与原子核保持着相当的距离而不是相反，以及为什么质子和中子可以以不同的数量形式结构成原子核，那么，我们就完全有信心质疑罗素的信仰即那个物质同质的假定了。

如果物质终极同质的假定有误，在微观粒子层面，我们就应当确定粒子的终极形式根本不存在，世界是"多"而不是"一"，在各种现实中无法继续划分的粒子当中，粒子不仅种类繁多，而且粒子所固有的性质也会出现不同，相同的只有那个外在空间形式即粒形。从量子物理的各种能量粒子的划分中，同样，我们也看到了科学家关于不同性质粒子的理解，尽管这些粒子是否真的如科学家所描述的那样存在并起着不同的作用还不能百分之百地确定，但是，科学家关于不同性质粒子的强烈意识还是显而易见的。

当然，在相信粒子终极的形式不是"一"而是"多"，而且不同的终极粒子就是现实中无法继续细化的存在形式，它们各自拥有不同的性质的时候，我们也不是认为所有层级的粒子都各不相同，电子、光子肯定拥有很多相同的性质，质子、中子也是，反粒子也同样如此，但是，像电子、光子、质子、中子、中微子以及各自的反粒子，就这一层面的粒子而言，我们更应该坚信的是：它们各自的性质与种类不会如我们现在认识的那样单一。

分析完粒子的诸多性质内容，我们再回到微观物质、能量的存在形式为何是粒形的问题上，如果继续以微观世界本来就这样而不是为什么会这样的态度来搪塞，显然不是思想者所为。在前面诸多因素当中，那个粒子与粒子之间的距离、空间位置，之所以说它神秘而重要，就是因为粒子的这一特性决定粒子与粒子之间以及各个不同层级的粒子之间，都保持着一定的相对独立空间和距离，既不因为会逃逸而毫无关系，又不会因为相互联系而连接为完全的一体，而这种粒子间的空间关系与特性便是微观存在之所以是粒形的缘故。所谓粒形的全部含义，就是粒子与粒子之间的拥有特定空间位置关系及距离关系，而各自又是独立的空间体积占据者，这种在空间距离的层面既独立又相互关联的粒子间的关系，就是粒形的真正原因。

很可能在某一更微小的层级中，某个粒子的形状根本不是团形或者大致圆形，但是，只要它与其他粒子之间形成某个特定的空间位置关系，特别是那种自旋与绕行的具体空间位置方式，所构成的共同活动的相对空间，就只能是与圆形接近了。当不同粒子之间进行某些空间位置关系的变化后，所形成的新的粒子与新的空间位置关系，也始终遵循这样的空间关系规律，那么，无论粒子终极的形状如何，在微观中普遍展现的存在形式的形状就只有粒形了。

有人会自然地深入追问，粒子为什么会拥有如此空间位置关系的特性？如果非要回答，只能说粒子作为微观的存在形式不仅是个物质，同时还拥有能量特性以及相应的空间体积，而对于这个空间体积来说，它既可能会有实实在在的多种形式的终极存在，也可能会没有终极存在，一切均在无穷无尽的划分与演变之中，但是，只要这种划分与演变占据着相对独立的空间，那么它总的来说就只能接近粒形。在前面所阐述的观点当中，那个能占据相对独立空间的一切形式被称为存在，对应于占据空间体积的内容称之为物质，保持或变换相对独立空间内的空间位置和整体空间体积的内容则被称之为能量，而那个空间则既是特定的存在，也是人类的意识内容。

如果继续想下去，空间及空间中的距离与体积的变换究竟和什么因素紧密相关？毫无疑问，所有人都会选择那些与人类所定义的能量概念相关联的诸如光子及其他辐射粒子，而不会选择和物质概念相关联的那些粒子或粒子的部分组织。在人类认识突破物质与能量的区分之前，我们是否可以这样来认识和看待宇宙中的存在关系：只要是存在，都会以某种特定的空间形式得以展现和说明，任何不含空间内容的东西都应排除在存在范畴之外，与物质概念相关联的各级粒子形态的基本存在形式本身会占据一定的空间体积，而与能量概念相关联的各种诸如光子、辐射粒子的基本存在形式则本身很可能是除此之外的那个浩瀚无边的宇宙空间，即真空。也就是说真空的体积与距离都是由与能量概念直接关联的那些个粒子来充斥和完成的。

假如这样的认识基本正确，那么，像光子之类的能量粒子就会隐藏着无比巨大的宇宙秘密，它们只要本身是个实实在在的具有空间体积的粒子，那么它们同时就具备自动收缩放大的功能，并据此来调节和变换空间的大小与距离的远近，而物质及物质粒子就会具有吸附和聚集能量粒子的能力，如此一来，每一个物体、天体都是一个包含无数个缩小型能量粒子的空间能量包，这个能量包相对于其周围的能量空间而言在空间内容上没有任何区别与隔阂，只不过，所有由能量粒子组成或撑起的空间都会向能量聚集的空间位置移动，引力现象可能就是因为这个而产生的，同时，具备强烈的能量交换的恒星，则会和其周围的空间、能量不停地吸收或释放能量粒子、能量粒子团和能量包。由此，恒星会演变为中子星、黑洞，黑洞也会演变成恒星。

假如我们现在的这个关于空间与能量粒子的关联的认识正确，那么，空间与空间之间不能拥有间隔与空隙，每一个空间都是整个宇宙空间的一部分，而宇宙仅此一个宇宙，在这个宇宙空间之内，物质与能量粒子的各自特性与功能始终不变。在宇宙空间的不同的空间部分，也就不存在性质的不同，而只存在空间内能量粒子的收缩放大的区别，以及与之相应的粒子密度和活动激烈程度的不同，另外，还可能会存在能量粒子的不同种类的分布变化问题，当然，没有人怀疑能量粒子会有众多的种类。

假如这样的认识没有大的问题，那么，我们可以想象，宇宙空间中会出现的各种不同形式的能量包、能量流、能量漩涡、能量密度层等，而现在科学所认识的或观测的物质、天体的各种不同的运动、活动，其实质也许就是这些能量空间的各种变换；也许，对于能量粒子及由它们构建的宇宙真空而言，温度的概念毫无意义，因为它们本身的密度与活动激烈状况纯粹表现为空间内容上的变化，只有当它们遇到某个相对独立空间内的物质时，物质在空间内的密度、活动激烈状况才会有温度概念所指向的意义，因此，没有物质的真空没有温度，温度无法衡量。用一块巨大无比的薄板放在太空，一面朝着离它最近的恒星，另一面背着恒星，假定板的两面完全不能传导能量粒子，所得出的板的两面截然不同的温度。显然都无法用以描述这个真空空间的温度。由此可见，温度只是人类认知的一种工具，它的实质应当是某个空间内物质粒子的活动激烈程度，特别是单位空间体积内物质粒子活动激烈程度的一种比较。这样一来，我们应当可以确信，所谓的绝对零度应当指的是物质粒子没有任何活动，连自旋也没有，当然，这样的情况是不会出现的，因为能量粒子向物质粒子聚集并使它们成为物质或天体，而每一个物体和天体都是一个能量包、能量空间包，而能量及能量空间则在不停地交换和变换。只有在宇宙的边际，能量粒子所能维系的空间已经达到自己的极限时，我们现在所能理解的能量空间的那种变幻莫测的情景才不会重新上演，也许能量粒子会放大体积到最大限度，整个边际空间的体积还会随着它们最为邻近的有物质天体空间的能量流动变化而如海水般潮涨潮落。

也许，充斥宇宙空间的远不止能量粒子，像未成形的物质粒子、反粒子等，都很可能在真空中留存，但，作为最主要的存在形式，我们应该更愿意接受的是能量粒子，毕竟改变物体的空间位置和结构形态，以及星球释放与吸收太空中的物质能量等这些存在形式的空间形态及位置的变化都和能量息息相关。假如能量这种存在形式确实存在，作为粒子的能量存在形式是最有理由与空间这种存在形式直接对接的，一旦这种对接基本成立，那么，宇宙中最主要的组成部分就不会是暗物质和暗能量，而且引力及黑洞等诸多存在现象也都可以归结为能量空间的变换。今天的科学界更愿意相信观测，也更乐于接受引力与质量概念的关联，因此，基本上都愿意相信宇宙太空中大部分为暗物质和暗能量。

不论将来很长一段时间我们人类会相信哪种情况，仅就目前我们关于质量、温度、引力现象的认识，以及物质与能量概念的界定与区分，特别是对于这两种不同种类粒子的确定，包括物质质量和能量的转换，即以为存在的终极形式是能量而不是物质、物质由能量构成等来说，很显然，我们的认识是有问题的，几乎全都经不起逻辑的推敲。很有可能，我们这里基于粒子存在的分析和思考离真相依然差距甚远，但我们至少可以确定人类现有认识的缺陷及出处，同时，我们也开始了一次从根本上、本原上关于最基本存在形式的重新思考，特别是关于几种最基本存在之间的关联的思考。

有了这些认识，我们更有把握确定，力从根本上说是不存在的，而且物体保持静止或直线运动也只是表面的存在现象，如果从最根本的或者更广泛的角度来判断，物体保持惯性显然也是错误的。

无论是物质粒子还是能量粒子，它们都是一些最基本的存在形式，物质粒子不可能全部由能量粒子构成，反之亦然，物质粒子和能量粒子都不可能拥有某一种终极的形式，但作为最基本的存在形式，它们不可能全盘消失，因为它们无论哪种层级或形态，始终拥有自己的空间体积及位置，尽管这些空间内容会发生改变，但作为不可能全部消失的存在，物质粒子与能量粒子共同作用相互影响，并据此发动着宇宙中所有包含空间体积与位置的各种运动及变化。其中，我们更愿相信直接与这些空间因素发生关联变化的是能量，换句话说，我们就是基于这样的认识创立了能量的概念。那么，我们为什么又相信物质粒子的基本存在呢？因为我们发现能量粒子的聚集和交换、流动全都包含物质、物体的作用。

于是，那种没有任何隔阂的统一思想，将存在概念上的空间与意识概念上的空间结合在一起，也许空间本身就都是由能量粒子、物质粒子充斥构成，当然主要的会是能量；或者，我们还可以将反粒子即物质反粒子、能量反粒子列入。总之，当物体天体与其占据的空间以及存在活动的空间之间，必定拥有某种共通共融的关联，而这个问题就在我们仔细思考存在粒子的时候似乎找到了一些线索。也正因为如此，我们才可以确定地说，空间不仅是个精神意义上的概念，宇宙空间本身也是一种基本存在，而时间只属于意识工具，因为时间本身不包含空间内容，一切包含空间概念内容的才是存在，而存在从根本意义上是不依赖我们人类的意识的，它本原上是什么样子就是什么样子，不是我们意识去想象的，而是需要我们意识去认知的。存在不会受制于意识，存在不会依赖于时间，存在对于我们人类来说，其本来面目需要我们人类的意识花费时间去认识。

第四章
信息与因果律

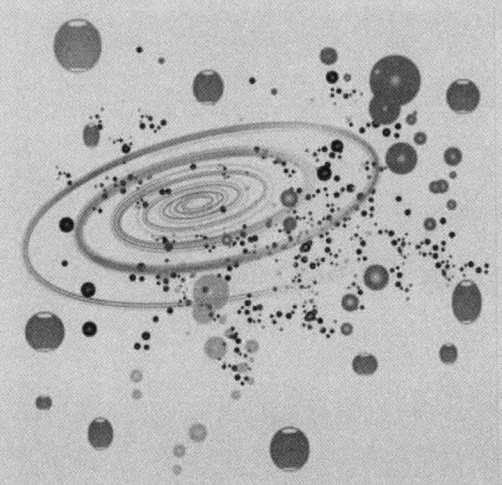

第一节　感官与信息

人类意识之外的那个存在世界，拥有无穷无尽的自身的运动规则，这些规则随着环境与条件的变化，特别是随着相对的独立空间的变化而发生改变。某一个相对独立空间内所遵循的规则、规律，在更大或更小的相对独立空间范围内大多都不再适用。我们将宇宙世界简单地划分为微观、自然观和宏观，就是主要基于这个缘由，而不仅仅是因为空间体积与范围方面的差异。可以肯定，未来人类关于规则、规律所对应的空间体系会远不止这样简单的三类，它将会变得非常复杂而具体。

在这些无穷无尽的规则、规律之上，具体的存在事物与存在形式之间时刻发生着变化多端的纷繁复杂的影响关系，特别是在同一个相对独立的空间之内，在相邻的几个同一层级的相对独立空间之内，抑或是包含与被包含的几个不同层级的相对独立空间之间，也都会发生此类影响关系，因为在空间关系上有联系的存在事物与存在形式必定有着彼此共存互变的存在关系，这个共存互变的存在关系我们可以称之为关联关系。

所有这些规则、规律和关联关系，在它们所适用的或者所涉及的所有存在事物、存在形成以及存在现象之间，构架起来的两者之间或多者之间的关系，就是本章我们需要思考的因果律。

罗素将因果律赋予更多的主观成分，认为它是一个普遍原理，在已知关于某些时空领域的充分数据的条件下，凭借这个原理我们人可以推论出关于某些其他时空领域的某种情况。因此，罗素关于因果律的分析主要是基于人类所认识的关联关系，只要是数据充分或者概率较大，人类主观上便可以将其推广至其他时空领域去认知判断。

由于本书前面关于存在、存在形式及存在现象的思考研究，我们便不再采用罗素的方式来分析因果律的问题。我们可以先武断地认定在各种存在者、存在现象之间彼此关联，特别是当它们之间的空间关系相邻或者有着某种事物可以将它们关联起来时，我们主观地假定它们之间有影响有关联，并且将这些关系统统归结定义为因果律，不论这些因果律有多么复杂，也不论我们是否发觉、认知，抑或从未往这方面去想过。

人类的认知方法需要有所改进，哲学的方法论也需要有所创新。

如果用经常出现的概率超过一半的原理去推论其他领域的情况，其统计意味和经验思想比较浓重，逻辑方法显然较为陈旧，那是古典实验科学对于发现因果律的贡献。世界普遍联系，相互共存，相互影响作用，这一最为基本的笼统的规则，对于存在哲学来说已经不再是什么新鲜事物了，就像今天的人类关于笼统存在、物质、能量概念的确定一样，在很长的未来，人类需要的是如何丰富和具体化，怀疑因果律的普遍性则没有任何实际意义。

人类关于宇宙世界的认识，主要任务就是思考、发现以及验证各种各样的因果律。只有掌握这些因果律，才能运用其中的一些因果律去改变另一个因果律在某个特定空间领域的适用，人类便由此改变客观世界，而这，就是人类实现意志自由任意性的唯一途径。

在各种各样的因果律和我们人类意识之间，将两者联系起来的就是人类的感官（包括大脑）和世间万物所展现出来的各种信息，也就是说，存在事物和存在现象会以各式各样的信息对外展示它们的存在与变化，当这些信息被人类感官接收之后，便会储存、记忆、处理这些信息，从而获知这些存在与变化，进而思考、发现以及验证这些存在与变化之间的关联，即存在世界的各种因果律。

对于每一个具体的信息以及它对应的存在现象，人类的意识（大脑）会进行思维逻辑处理，找出它们的共性与不同，然后在共性与不同中将不同的信息及其所对应的存在现象进行对接和关联，从中寻找并重新验证确认它们相互之间的关系，这样，因果律便在人类意识中具体地形成了。然而，对于获取这些现象信息的人类感官来说，又都客观地受到诸多限制，既有种类限制，又有能力范围限制，比如我们除了看、听、闻、尝、触摸以外几乎没有其他感觉能力，就算是有了这几种能力，能力范围和程度又相当之低，各项感觉能力远比不上平常所见的一些动物，而有些动物所具有的感觉能力恐怕远远超出我们的想象。如此一来，人类的大脑思维意识对于接受信息后的处理，以及处理后的发现因果律就显得尤其重要。

一方面，我们除了预先假定所有相关联的存在空间之间，或者与某个具体存在形式相关联的所有存在事物之间，都会存在因果律，另一方面，所有这些存在事物及存在现象所可能展示出来的信息，我们也必须预先设定为众多，特别是信息传递到我们人类周围的方式及形式，而不能局限于我们人类的几种感觉能力所涉及的种类限制，以及能力所能达到的范围、程度的制约。只有这样，人类的认识能力才能从根本上取得重大突破。

由此可见，感官和信息就成为人类获取、确定客观世界因果律即认识的两个最重要的客观因素，在提高人类认识及思维逻辑方法诸多主客观因素中，针对感觉和信息的相应研究和思考，在以往的先哲们的思想理论中并不突出，或者尚未得到系统分析与足够重视，因此我们往下将进行详细的考查。

人们常说我们人类在自然界面前那么渺小，主要指自然之浩瀚之复杂、自然界力量之巨大，而人类相比之的微不足道，但更多的情况下，是指在自然灾害来临之前，人类毫无察觉并毫无防备，由此在感叹自然灾害破坏力巨大的同时，惋惜人类的感知限制。地震、火山、海啸等自然灾害经过几千年的人类文明，至今人们依然无法准确预判，但是，为什么没有任何文明进步的动物、鸟类、鱼类却往往预知呢？显然，不是人类大脑不及动物，而是人类感觉器官的相应缺乏或者某些感觉器官能力的限制。

就人类的视力而言，远远赶不上天空中的雄鹰和水鸟，也不及夜间的猫、猫头鹰等动物；就人类的嗅觉来说，也不能和狗的鼻子相提并论，连老虎等许多动物都比不了；人类的触觉和味觉能力，我们尚不知道与其他动物相比之下有什么显著差异，但是我们却非常清楚，这两种感觉能力只能在近距离接触被感知对象时才起作用，因此无法突破空间距离的限制。除此之外，人类的听力虽然能听到几十公里外的巨大的爆炸声，然而，对于某些特殊的声波却没有任何感知能力，蝙蝠和鲸鱼这方面的能力就比较特殊。可见，人类所具有的全部感官能力都很平常，几乎全部能力都针对的是周围日常的变化，也许我们还可以简单地认为人类的这些感知能力都比较平衡，平衡得没有哪一项可以超越某些动物的强项，而唯一得以让我们之所以成为人类的就是我们的心智，人类在心智方面应该是超越了已知的所有生命，对于那些可能登陆地球的外星人来说，我们人类也会对自己心智方面的潜力给予足够高的信任，只要时间足够，人类的智慧可以赶超一切星外生命。

人类文明的过程就是征服自然、改造自然的过程，人类的文明将更多地体现在认识存在宇宙和改造存在宇宙的某些方面。如果我们连地球上的自然灾害都始终无法预知，对自然界的万事万物所展现给我们的信息全都茫然不知所措，或者几乎没有什么觉察，那么，人类的知识，具体地说对于存在世界各种因果律的认识，就不会出现突飞猛进的发展，那么在未来的几十亿年，人类在面对地球及太阳系的灭顶之灾时，我们拿什么拯救自己以及自己身边日趋消失的生灵？

显然，更广泛更全面地认识存在世界的因果律，首先要认识到感官作用的重要性，以及感官与存在世界信息的关联，特别是要想办法突破人类感官的自然限制。然而，我们人类感官的限制却是天生的自然的，如果说要等待它们各自的漫长进化，其时间的遥遥无期姑且不提，但结果的未知性则是确定的，或者说，人类经过几百万几千万年进化成现在的感觉的能力，已经是非常均衡非常适用的了，不然的话，人类的心智何以如此长足进步？人类的感官限制无法解决，心智不受其他客观条件的终极约束，但是，却又直接受制于自身感官的能力，那么我们的出路又在哪里呢？

先来看看我们身边的生物。发豆芽时盖的东西轻，豆芽发出来的就细，稍微压重些长得就粗；密密麻麻的菜籽放在一起生长，菜秆不长叶子一个劲地向上长，直到长得很高了才长出叶子（树林也有这种情况），太密长不粗但却向上长以便争取阳光，其实，各苗杆之间既不挡光又不挨着，而且它们都会去齐刷刷地弯向射进阳光的窗户，如果隔两天将养殖的盘子换个方向，它们便又自动弯个方向对着窗户生长，如此反复；还有，含羞草一碰到触摸就会自行软塌下来，瓜苗中的须，只要触碰到什么固定的东西，就会自动地缠绕生长，碰到之前漫无目标，触碰后跟长了眼睛一样精准；天快要下雨了，蚂蚁提前感知并往高处攀爬；要地震了，鱼儿出水，狗儿也狂叫，而我们人类却没有任何感觉反映；还有，蝙蝠的特殊感觉能力，因为被人类认知并成功模仿制造雷达，就是一个比较典型的例证；另外，还有一个我们人类熟悉的动物——蚊子，当天变得一片漆黑时，蚊子几十米开外通过感知人或动物呼出的二氧化碳来确定所要叮咬目标的方位，当蚊子飞到盖着单子或穿着衣服睡觉的我们的周边时，蚊子又通过感知人体向外散发的热的辐射图，精准地找到哪儿是露在外面的肉体，或者哪儿是衣服最单薄可以下嘴叮咬的位置，而在被它确定的这些外露的肉体和被一层薄衣盖住的皮肤部位，人类身体里的血管与血管周围的皮肤和肉，尽管外面包裹着皮肤或单衣，还是非常轻易地被蚊子在黑乎乎的空中飞行时锁定下来，于是，蚊子直奔血管位置下口，而绝不会落在皮肤上，像人类打钻找矿那样到处去找。

所有这些我们身边常见的生物，我们是通过观察实验等方式发现它们所具备的感觉能力的，其中有些机理我们基本弄清，有的依然还是未知数。无论是人类熟悉的生物还是未被发现的生灵，也无论它们拥有的感知能力是否被我们发现，有一点我们可以确定，生物千差万别，它们的感知方式及能力也千奇百怪，假如我们像弄清蝙蝠那样将更多的生物感觉机理搞明白，世界万物留给我们人类的印象肯定不会是今天的模样，简直不知道要丰富多少倍。对于生物感觉机理的认识与研究，也应该远不止今天我们所说的仿生学那样简单，可以想见，如此众多而复杂的感觉机理，对应的不是人类可以观察的生物们的反应及活动变化，而是我们现在正在思考的那个浩瀚无边的存在世界在变化莫测中向外展示出来的无数个信息及信息的综合反应。

所以，我们可以确定，存在世界中的万事万物向其所及空间释放、展示出来的被我们称之为信息的各种内容，远远不止我们现在所能理解的这些，自行发射出来的或者反射出来的可见光，以及其他形式的能量辐射、电磁辐射，还有物质粒子等，全都只是每一个具体存在物所展示出来信息内容的一部分，而绝对不是全部，由这些信息内容带给我们人类的印象，如大小、形状、距离、色彩、速度、温度、光度、力度、味道等，也绝对不能构成我们人类所应当理解和掌握的全部感觉结果。世界的信息种类应该远远超过今天人类的想象，世界的信息量以及各种信息的交互反应也都可能是人类想象力所远远不及的。这不是我们主观臆断，从生物的这些能力及反应中我们应该可以确定。除此之外，还可以确定，存在宇宙的信息中只有一小部分可以被地球上的生物感觉感知，因为作为自然世界的地球以及地球所拥有的相对独立空间和这个空间内的环境条件，只是茫茫无边的宇宙的一个小点和一个特例。

由于电、电磁波以及量子物理的发展与进步，今天以及未来很长一段时日，人类传输信息已经不再是什么大的难题，通讯和某些类别的观测也将不再是人类认识世界的技术瓶颈，但对于那个意识之外的世界所向外展示的信息，以及有关信息的种类、形式、内容，特别是它所遵循的神秘的存在法则即内在机理，将会成为人类知识进步的重大课题。此外，针对这类理论上的机理，人类想要现实地感知到甚至实验验证它的实际运行，也将会是另一道大难题。举个例子来想象一下，物体是如何通过光子的什么具体作用来具体展示它的诸多存在内容？光子的诸多特性中哪些没有展示物体存在的真实内容？还有，除了光子（量子）之外，物体远距离快速传递它的存在信息的方式还有什么？比方说，电子、电离子是否也会和光子那样具有传递信息的作用，而不只是目前的人类所掌握的呢？另外，像我们用鼻子和舌头尝的那些个我们称之为味道的存在内容，就相应的物质分子、原子来说，又是它们当中的什么部分或粒子传递的呢？我们的鼻子和舌头又是如何感觉得到的呢？可以说，在散发信息和接收信息的两大领域，人类面临的几乎全是新鲜事物，但是，要想全面认识这个心外世界，我们又不得不去努力突破它们，否则，更加全面精确的关于存在宇宙的认识只能停留在空谈和臆想层面。

现在，我们还不能过早地断定，像量子之类的能量粒子比物质粒子具备传递物体存在信息更加有利的条件，尤其是科学所理解的远距离迅速不受干扰地直线传递，那是因为我们对于粒子理论的认识实际上才刚刚起步，物质粒子与能量粒子的具体组成和各自特性，人类认识到的还只是一些皮毛。而且，由于受制于或过分依赖于视觉，人类的知识从宇宙观上说显得颇为片面或古怪，人类文明的步伐首先就受到自己天生感官类型的约束，对于反粒子、暗能量、暗物质等这些概念所代表的我们感官无法直接捕捉的这一类信息，应该说它们很可能也都是存在世界的存在内容，我们人类的认知至今几乎是一片空白。也就是说，存在着的一定是信息相当丰富和出人意料的，现有感知的存在内容也一定是片面和不完整的，而存在的真相就隐藏在这两者之中。

因此，科学的精神和任务，不仅要求针对存在的微观粒子及宏观的现象进行理论的思考，而且还要求在我们人类感官可以感知情况下进行观测发现及实验验证。当然，这当中必须借助各种不同的信息转换设备，比如像太空望远镜、通讯设备、试验设备及电脑这样的东西，也会有这样一种可能，就是将来有某种特别的信息，只能以和声音类似的方式进行传递或理解，或者如味道般掺杂于其他信息元素当中，等等，各种不同形式的现实信息将会源源不断地被人类发现，同样，当这些另类的信息不论是来自客观的世界的还是发自某类星外生物的，我们也需要将它们转换成人类天生的这几种感知形式来理解，直至最终可以转换成文字的形式具体展现为止。而在此之前，地球上现有的生物，它们的感知器官与我们未知信息形式的对接原理与信息机理，就成为我们人类研究感官与信息机理的难得的捷径。

总之，科学的精神必然体现在现实的过程与结果之上，而人类的文明进步追根究底要归功于我们智慧的大脑。

第二节　信息与真相

我们所要思考的信息的内容，是哲学概念的信息，它比人与人之间日常交流、传递的信息概念要宽泛得多。总的来说，哲学意义的信息应该包括两方面内容：一个是存在事物本身所具有的关于自身存在与变化的形式内容，一般来说我们可以理解为客观存在向外展示展现的全部形式内容，而不管人类或其他生物能接收到的内容有多少以及什么形式；另一个则是我们人类通过感官、大脑所接收到或所能记忆、理解到的上述客观存在事物信息的形式内容，当然也包括人类通过其他方式如设备、文字、图画、电脑、通讯等进行记忆、存储和传递的内容。前者我们可以简单地理解为存在事物的原本信息，后者则可以简单称之为我们人类所接收和理解的存在事物的信息内容。

两种信息，就其本质而言，一个是客观本原信息，一个是主客观的复制信息。为什么说是主客观的复制呢？因为当客观本原信息以物质、能量等各种形式到达人的感官时，这些信息元素作用到人的感官，这是客观的、现实的，当人的感官将这种直观感受传递到人的大脑进行印象、概念的复制、鉴别与理解时，其结果显然又包含有很大的主观成分。每个人的感受、感受程度与内容往往是不同的，但就同一个存在的原本信息而言，应当认定其作用到不同人、不同生物甚至非生物的影响、方式和内容是相同的，没有区别的。只是接受者的差别会导致感受反应不同，进而使各自理解的结果内容产生区别。

任何存在事物都时刻处于存在、变化、发展的过程之中，每一个存在事物就其存在本质而言，本身就会有所不同，因此世界会有不同的存在形式，世界是"多"而不是"一"，然而，不同本质的存在事物还会有各自不同的或者是相互影响的变化、发展过程，所有这些内容特别是它们所能向外展示、传递出的内容，便是存在事物原本的信息。同一种存在事物会拥有相同的共性信息，它们因此而在客观上同属一种，它们所拥有的共性信息被人类理解到，并因此将它们归为同种或同类，当环境与条件发生改变，同一种存在事物所展示出来的变化、发展的内容与结果就会出现差异，这些差异的信息分属各个不同的事物，因此，可以称之为个性信息。

在所有相互有联系的或者处于某个特定空间内的存在事物当中，共性信息与个性信息相互交融、错综复杂、时刻不停地向外展示着、传递着。尽管理论上有很多联系、影响与作用可能并没有对外展示任何内容，但是，这只能是许多连贯过程中的某个环节或某几个环节，而随后向外展示、传递的信息，其实却不能缺少它们的影响与作用。存在的世界永恒地存在着，存在的世界时刻不停地变化着，那么，存在的所有事物也一定会一刻不停地向外展示或传递着它们的信息，而不论这些信息是属于个体的还是共同的，也不论是个性的还是共性的，抑或是错综交融的。

我们人类也是一种存在事物，作为存在事物会有属于自身的作用空间及活动范围，不可能参与存在世界的所有变化发展，相反，人类自身所能涉及的空间范围极其有限。但是，人类的意识却不受任何约束，总希望能认识更加广阔的空间以及空间中的万事万物，人类的这种意识的自由任意性也许就来源于自身所能接收到的存在事物的信息的诱惑，这种诱惑激发我们去仔细感觉、分辨、理解与认识，也激发我们去试身改变，改变这个原本没有人类意识参与的变化发展过程。假如没有这些信息，具体地说，假如没有光和光所传递给人类的信息，人类怎么存在？科学与哲学关于人存理论的分析或许在信息这个问题上都有着根本的渊源。因为信息本身就是物质、能量自身元素在空间中的交融与活动，这种交融与活动会因为不同性质的存在元素而出现影响空间的大小分别，比如光及电磁波会迅速涉及遥远的空间，而物质自身的化学反应则不至于迅速影响到更大更远的地方。但是，如果要问所有信息的来源，那便是哲学的理念：世界是联系的而不是孤立的。

因果律就是要研究这些存在世界的联系，并且是通过信息来研究和认识各种联系。人类已经通过对各种信息的感知、分析、判断，认识到自然界许多内在与外在联系，而这些相关联事物之间的不同的联系，就是存在世界的因果律，它是人类知识最重要的组成部分，当然，人类关于它的认识少之又少，但，仅有的这点认识和知识，就已经让人类获益匪浅。人们认识到存在世界的因果律既深奥又至关重要，人类以科学工作者为代表和先锋正向着它所指引的方向不断地探索前进。

探索存在世界的因果律依赖于信息，不仅依赖于全面信息的掌握，而且依赖于全面信息的获取与鉴别，然后才能开始针对它们的分析和研究。在前面一节我们分析过全面信息和感官感知获取的问题，现在，我们就来思考一下信息的分辨与鉴别问题。

就拿"爆炸"这个概念所包括的现象信息来说。人类可能最早接触的是火烧竹子爆破、火山爆发，后来有了火药爆炸、原子弹爆炸，现在又观测到太阳内最平常不过的爆炸喷发，或者是恒星的爆炸，甚至科学家还推论出整个宇宙世界的开端即奇点大爆炸，都可以称得上是爆炸现象，所有这些现象传递给我们感官的信息，除了我们感觉上所指的空间迅速扩张的震撼意义相同之外，其他所有现象和信息都完全不同，爆炸的样式、级别完全不同，亮度与声响也不同。现在的人类应该说基本可以认清了这几种不同爆炸的现象与内在机理，可以说，这几种现象带给我们人类感官的与感觉印象中的"爆炸"概念完全不是一回事，但是我们依然使用"爆炸"这个概念来描述它们。仔细来看，气球吹爆了，竹子烧爆了，火山爆发了，手榴弹爆炸了，这些爆炸现象都和爆破有关，似乎是不破不爆，但原子核能的释放（无论是地球上的核爆炸还是太阳上的燃烧）又都和爆破关系不大。假如我们没有听力或者是聋哑人，对于气球、竹子、火山、手榴弹、炸药包的观察感觉，恐怕那种破爆的震撼之感就要差多了，而对于太空中的天体它们在急剧释放能量过程中没有给我们地球人带来听力震撼，除了观测者的视觉震撼之外，听力上还不如气球在耳旁吹爆。那么，假如像前一节所说的感官和信息远不止我们现在所了解的那样，真实的情况恐怕就大不一样了。

爆炸现象信息传递给人类感官后的爆炸印象与概念，分辨与鉴别它不是那么简单，如果我们人类简单地将这个概念推广至宇宙的大爆炸，那么这个爆炸的方式和概念所代表的全部真实内容又会是什么呢？如果要是从哲学的本原性思维出发来分析，爆炸这个概念本身就是有问题的，有空气的地球上空间急剧扩张与没空气的太阳以及真空不空的太空，甚至连太空真空都没有的环境下急剧扩张空间，肯定是不一样的，有时可能爆炸还没有空间的急剧扩张发生，比如太阳表面以下时刻发生的核爆炸，它给我们的信息只是时刻滚烫着、时刻炙热着。

再比如插入水中的筷子，不管我们从哪个角度观察，筷子在水平以下的部分都会向观察者所在的位置发生偏折，如果垂直放入筷子，人从水平方向观察，水下的筷子一定比水面上的离人更近。这是水中物传递给人的信息，筷子不会变，但是水中与水外的筷子带给我们的信息感觉却明确地在说它变了。类似这样的视觉信息的误导非常之多。但是效果、印象归效果、印象，如果要搞清楚这些假象背后的真实原因与机理，却不是一件简单的事情。有的人认为筷子折射是光在水或玻璃中的速度变慢导致，有的则认为不可能。那么，人的视觉又是如何分辨光速来判断远近的呢？我们人是根据光的清晰程度以及立体感综合判断距离远近的。还有三棱镜将光分成几种颜色，彩虹也在虚幻而真实地向人类视觉展示它的美妙，一个实，一个虚，一个直，一个圆，相同的只是色彩。人类鉴别它们看上去也很简单，而且还可以将七彩变回白光，但是，如果要问这真假两种相同现象信息背后的原因，特别是色彩是什么东西，感官就更难识别它。如果再从本原上问：如果感官从来就分辨不出色彩，色彩难道就不存在吗？由此展开联想，存在世界有多少真相假象，又有多少未能获知的信息！

存在世界的真相肯定远不如海市蜃楼那样容易获知，而且表面的现象与现象之间的关联，也远远不是相互间的根本联系，光的色彩变换或者色彩是波长的变化只是表面性理解，根本没有回答色彩究竟是怎么一回事又有什么作用的问题，它也绝对不会因为人类的美感而生，因为人类存在之前，色彩依然丰富斑斓。

存在事物展现给我们的信息，也许没有重要与非重要之分，只是我们感知到了什么；所有的现象在我们根据获知的信息去分辨时，也许不要纠缠于我们感知了什么，重要的是确定真相是什么；也许在我们辨别了真相之后，重要的是思考其内在的真正因果关联，而不仅满足于现象层面的解释。可见，真正的真相会有多种层级，真正的因果关联，会如同存在形式的层级那样繁杂而具体，而全面的知识便隐含于所有这些因果关联之中。人类当然希望了解所有的真相，但是信息本身不仅真假难辨而且也无法全部让人类获知。

存在事物的原本信息不可能全部让人类感知到，但人类却有必要尽量感知更加全面的信息。人类所感知到的存在事物的原本信息常常不能反映真相，但是，人类必须通过自身的思维意识能力对它们进行辨别和理解。人类感知和辨别、理解的一些真相，一般都直接针对存在世界的表面现象，繁乱的表面真相的背后，才是我们人类真正所要掌握的内在真相，这种内在真相就是属于万事万物间的机理、关联及规律。所有的机理、关联我们都称之为因果律，其中那些具有普遍适用性的基本的因果律，就是人们常说的宇宙的规律与世界的法则。

还是拿光的色彩来说。人类通过目测或实验设备获得了光的一些信息，当然也可以说是知识，光大致分成七种色彩，三棱镜的反射方式可以将白光分解成七种色彩，其中的几种色彩分别进行不同的组合又能获得其他颜色，全部合在一起又成了白光。还有，光的色彩不同，对应的光波波长不同，科学家实验发现激光光粒子一排排成起伏状，各排粒子峰之间的距离由小到大（同时也说明粒子体积会变）呈现出不同的色彩。那么，针对这些已经感知到的信息，我们如何进行甄别与理解？首先，光粒子一排排之间是连贯的还是有空隙？如果有空隙光便真的可以称之为粒子，否则光粒子的定义则是有问题的；第二，光粒子一排排直线排列，那么，光究竟是（按色彩顺序）呈横队方式向外发射还是呈纵队方式？如果横队方式的话，光自光源出发怎么实现四周呈球形扩散的呢？如果纵队的话，说明七彩光一直在细微之处展现着，另外四周呈球形扩散始终存在着一个空间概念的分布理解难度；第三，就呈横队方式而言，光波究竟是按哪排粒子峰之间的距离来计算光的波长，还是按整个一组色彩所拥有的六七个不同峰距的总长来定？如此一来，色彩的波长是理解了，可是光波的长度，甚至其他形式电磁波的波长就难以想象。同样道理，就呈纵队方式而言，光波的波长似乎更加无法理解了；第四，三棱镜原理究竟如何分解上述不同粒峰距的一排排光粒子，其内在机理我们人类远远没有接近，那么，我们平常所断定的某一个色彩的物体将其他波长的色彩的光波全部吸收，而仅这个色彩不吸收被反射到人的眼睛，这种对于现象的简单判断和结论，很可能就是个重大失误！

我们的人类现在将各种射线、电磁波、激光、红外线、可见光等都归为一类，统称为电磁辐射波。从上面的分析可以看出，我们对于光和光波的表面信息的甄别与理解，很难接近它的真相，即全部体现在存在空间的纯存在概念而非意识概念上的理解，也就是内在的机理与关联。那么，我们又怎么能确定所有这些都是一种东西呢？所谓电磁辐射的归类，只能是表面上归结为那个能量辐射的方式而已，而关于能量的概念，就更是一个最为笼统的意思了。

所以说，人类由于客观的原因和限制，最直接的就是感官与信息、信息与真相之间的差距，让我们不容易接近存在世界内在的真正的因果律。人类关于存在世界的认识永远会包含意识的成分。奇怪的是，存在的真相与人类意识并不存在水火不融的关联，意识成分越丰富、越成熟，就更容易、更广泛地接近存在的真相。

宇宙世界内在的机理与因果关联千差万别、纷繁复杂，但是就其中的某一个事物而言，最复杂最神奇的还是我们人类自身。从光的分析中我们感到了它的机理复杂及真相的深度，但是我们人类的眼睛和神经及大脑的组合便可以感觉到它并分辨出颜色，而用手以空间立体概念的方式怎么也无法确定那些内容，还有那个口尝、鼻闻的味道又反映了存在事物的什么特性，我们似乎全然不知。然而，自然之光和人类的眼睛最后确定的却是光本身不直接反映或者人感触不到的空间概念上的内容，我们关于存在事物的确定概念至今甚至永远地要停留在空间意义上，因为，我们理解的存在必须是占据一定空间的存在，而不论它以什么形式或在哪一个层级。

人类的感官及感觉能力极其有限，但更为神奇和不可思议的是，我们拥有思维意识的大脑，开启人类的大脑智慧，便会让所有隐藏在各种信息背后的真相日渐清晰。为此，在处理信息获取真相的过程中，更多的或者说最主要的还是依靠人类的大脑思维，不仅思维如何获取信息，还要思考怎么理解和甄别它们，同时，从过程中获得某些认识及理论上的突破，特别是哲学与科学意义上的突破。

分析完与光有关的诸多信息以及它们所隐含的真相，再来看看那种属于万事万物间的内在真相，即某一个事物现象的内在原因，弄清楚这个问题，将有利于我们认识关联事物之间的内在机理及因果规律。

就拿潮汐现象来说吧。潮汐现象遍布于整个地球上的各个海域，涉及的东西很多，温度、气候、风向、海底地形、洋流、海洋形状、地球形状、地球自转以及日月与地球间的引力等，都有可能影响潮汐现象的发生及规模的大小，或者出现地域性差异。今天的科学家将引发潮汐现象的原因归结为日、月（特别是月）与地球间的引力，并且将这种引力所引发的潮汐扩展为气潮、地潮和海潮，也就是说，不止是我们平常所理解的海洋潮汐现象，地壳和大气层也有潮汐现象，这当中著名的理论有潮汐静力学理论、平衡潮学说。

科学用万有引力理论和几何学解释地月、地日或者地与日月各自质点及共同质心，推定出各天体绕行的真实中心及半径，认为在地球和月球的相互引力作用下，地球的月运动不是转动而是平移，地球中心绕地月质心做近似圆周运动，其运动半径为地球半径的0.73倍，同样的道理，地球和太阳之间也会有相似的现象，并且计算出地球与月亮和太阳之间的引力的潮力比是11∶5。科学家从理论上将地球想象成具有弹性和塑性的天体，并根据地月、地日或地日月间的共同引力，和地球自身对物体的引力，以力的相互作用推断出地球呈现纺锤形状，即地球表面与日、月之间的最近点和最远点都会相对稍微要升高一些，于是，引发潮汐现象。

科学对于自然想象背后的真实原因的解释自有其道理，潮汐现象就是其中典型的列子，它相对于火山、地震、大陆漂移来说显得要容易一些，因为像上述列举的和海潮有关的现象、元素、原因都还是比较直观的，而引力现象也是人类所熟知的，只是引力的具体作用方式在地球与日月间现实的展现，平常人不易解释罢了。那么，科学家针对海潮这个综合自然现象的解释，也就是关于这个真相与各种信息之间的关联，是否正确呢？或者说是否真的那么令人信服吗？如果有问题的话，在真实原因中可能忽视了什么信息？

地月或者地日之间的引力现象确实存在，它表现为我们人类获得的一个明确信息是，月球围绕地球转，地球围绕太阳转，另外，地球、太阳、月球各自对自身表面的物体都有引力，至少人类现在对地球和月球是确定无疑的，还有两个相邻天体间的共同质心的具体位置确定，也许科学家无法达到那么精准，但是那种卫星及地球椭圆形轨道我们普通人还是知道的，也就是说引力现象伴随着运行轨迹的中心点常常不是一个而是两个或多个。当我们夏天来到海边，看着月出潮涨月走潮退时，将这两个信息进行关联，而且如此之大的潮水，其力量之大也绝非一般力量所能实现，而且潮涨潮落的周期性如此明显，而这个周期性就是我们的每一日和每一月。可见，人类将潮汐现象背后的真相归结为地球与月球、太阳的共同引力，应该没有什么问题。

但是在其他诸多信息元素中，作为影响海潮现象的真实原因，尚有许多值得我们考究的。首先，地月最近点的海面是如何被升高的，这就是个问题。地月最近点的大山、陆地不会升高，地壳以下的熔浆怎么升高人类还有待去了解，肉眼可以看见的大面积海水如何升高，具体怎么理解，恐怕不是那么简单，因为海水之下不能有空隙，凭空抬高是不可能的，那么，大面积海水变轻而周边海水变重，应该是可以想象的，就像水和油一样，周边海水就会向地月最近点的海面下面流动，从而短期内抬升最近点海面，假如月球不绕转而是在那儿不动，那么这个理论上要被抬升的海平面肯定抬不起来，原因很简单，水是往低处流的，海水是变轻了，但是怎么就升不起来呢？其次，地月最远点海面会因为整个地球表面呈纺锤形状而升高，更是个问题。地月间引力可以将假定为弹性的地球表面变成纺锤体的形状，即远近两端突出，两边及四周凹陷，应该说是无法理解的，灯泡和气球的形状普通人还是很熟悉的，彗星的影像好多人也看过，虽然地球表面最远点离地月共同质心是远了，可是引力还是增加了。再次，月球绕行地球所对应着的地球表面的轨迹在进行着有规律的变化，而这个轨迹所直接对应的海平面则更是变化起伏很大，有的是陆地、高山，有的是湖泊，有的是浅海，有的是深海，月球正对着什么地方什么地方会因为海水变轻而被周围海水抬高，是无法令人信服的。最后，气潮以及地球球形以及气候、温度对于风向、洋流的影响，显然也是不能被疏忽的。

那么，针对如此众多的信息以及信息背后的原因，我们应该怎么来理解海潮现象呢？是否可以这样理解和想象：引力现象背后的那个原因像一只会气功隔空按摩的手，在地球及海面上有规律地抚摸，这种抚摸引发潮水并时刻变迁，海底地形、陆地地形、风向、洋流等其他因素，特别是球形特征所引发的这些风向、洋流以及引力抚摸力的不同变化，产生全球各地海潮的不同，而那个最远点海潮就是由于球体海潮的变迁规律及这些因素共同作用的结果。

海潮这个例子，让我们看清，在事物的现象中，会有众多的现象、信息和理论影响我们的理解与认识，有的是根本的，有的是次要的，有的是普遍的，有的则是具体的个别的。每一个有关联的事物，它所展现的信息与其背后的真相关联着。引力现象的真相我们还不清楚，海潮现象背后又有如此复杂的原因。引力、气潮、风向、洋流、地球形状、月球公转等每一个现象都向人类展示着它们的相关信息，而每一项信息在和大面积海水抬升涌动及变迁的现象信息关联中，使我们人类的思维意识似乎在与之自动地进行着关联，而真相注定就在所有的关联当中，不论这些关联我们是否掌握，但是信息的全面、理论的到位或者是关于现象信息的正确理解，都将有利于我们正确全面地进行根本性的关联。就这样，我们一步一步接近复杂现象背后的真相，掌握或者接近真相，人类的知识和理论就自然而然地在这个过程当中取得进展。

第三节　因果律

存在独立于人类意识而存在，存在自有其自己的存在内容，并将其中的部分以不同的方式向外展示，而在这些展示的信息当中，能够被人类的感官接收理解的为数不多，而且往往我们感官直接感受的又都是某种误解和误读。但是，人类认知存在的世界只能从存在事物、存在现象所给予我们感受和理解的信息中开始。

在这个我们通过信息去认知的存在世界中，万事万物互变共存，世界原本的关联真相就在这互变共存之中，所有的存在关联的事物之间的关系，就是因果律。人类认识世界，就是要认识这种因果律。

因果律的实质是有关联的事物之间的共同存在与相互影响、变化的关系内容。一般来说，因果律要受到一定的空间领域的限制，往往某种具体的关联关系换个空间领域很可能便不再出现或不再适用。比如引力现象指向的两个物体间的吸引使得其中一个物体靠近另一个物体的空间位置关系，在卫星和地球、人与地球之间非常明显，而在人与人之间、人与房子之间就很难感知，在地球与月亮、地球与太阳之间，尽管引力现象依然出现，但那种吸引就不如人和地球之间非贴近不可的吸引。有的哲学家所理解的因果律，往往指在某个领域普遍出现的关联关系，也会在其他领域同样出现或适用。这种观点应该是不可取的，虽然在地球上同样的种子会在很多地方生长成同样的植物，或者世界各地都会出现打雷过后下雨的现象，但是它们都是在地球的自然之界，换个星球或空间情况就会大不一样。因此，因果律一般指的是某个特定空间领域的因果律，也就是说，研究因果律首先应当注意它的空间相对性即定域性。

因果律显然不应当局限于我们生活的地球，尽管认识地球空间内的各种因果关联也是我们的责任与期望，但是，我们必须清楚，地球上的绝大多数法则，如果换成别的空间、星系，肯定将不再管用。

为什么我们今天的哲学要强调因果律的空间相对性呢？因为现在的科学界几乎一致地认为，他们已经给出世界本源与宇宙发展的全部核心解释，科学界认定他们所解读的像引力这样的法则，完全可以解释宇宙是如何能够无中生有，如何自发生成，由此宇宙为什么存在以及如何灭亡。在他们看来，哲学的使命已经终结。但是，当科学继续沿着它们自信的道路前行时，突然发现前面是几十维的空间和好几个宇宙。如果让未来的人类相信今天的科学家的判断，说全部维的空间和所有的宇宙都遵循同一种或同一类的因果律即存在法则，可能是件很难做到的事情。

就拿力来说吧。对于人类的感官，没有一个直接的事物信息对应着力，力不像光或味道那样，力只是我们的纯感受反应，而且相当抽象，扛不动是力，推着走也是力，这些如果让身体力行者来说还可以，让旁观者说，只能间接指向身体力行者个人的主观感受，所以，力只是一种人的受动感觉，而并不是一个直接的存在事物。力这种现象在地球上，我们常常看的是两个关联物体间的相互作用，作用后又发生自身或相对位置变化，但是，这种相互作用的直观现象在遇见庞然大物或者星球引力时，就不见了。当电与核的科学进步之后，力用相互作用来解释物体间的存在关系明显地也就不再全面了。可见，力的现象当中那种相互作用的因果律确实在随着关联事物及空间的不同而发生变化，简单而直白地说，不是任何东西任何地方都可以说你动我也动、一碰俩都动的。

力不存在，引力也只能是一种现象，引力背后所指向的两个物体相互吸引的关联关系，作为一个因果律，一个迄今为止最为普遍适用的存在法则，应该也受空间及关联事物（对象）的影响和制约。因为，引力作为一个存在现象，它在地球上、地月之间、地日之间，以及太阳系、银河系甚至银河系之外，展现给我们的具体内容都有所不同，如果有人认为引力这种存在现象只在宏观上即地月、地日以及太阳系这类空间层级上展示的话，那么，假如银河系只是整个宇宙微观的一角，引力又将怎么办？

太阳系内的星球都是球体，太阳系和银河系都是盘状，那么，它们就自有成为球体和盘状的内在根本原因，即我们所知的因果律。为什么星球、星系繁多却又似乎井然有序？绝对不是一个引力现象所能根本概括的，或许就在星系间，引力现象所展现的具体内容就会出现明显不同，比如相互排斥，比如银河系之外星系不是盘状而是奇形怪状，再比如黑洞所指向的吸引其他星体和物质甚至光的根本原因并不是因为它的质量，等等。引力终究只是一种普遍的现象，其背后的因果律，无论是力还是质量，或者质量与力的关联，才是根本的内容。但，问题是，力是什么？质量又是什么？引力终究只是普遍现象的一种，要不然，宇宙间的天体、星系为什么始终没有完全聚拢到一起？即便是认定引力法则统领宇宙的科学家，自己也还提出膨胀与爆炸的观点。

因果律的第二个问题便是其时间性内容。前因后果是人们耳熟能详的概念，有前因必有后果，反之亦然，因在前，果在后。可以肯定地说，前因后果式的思维方式在人类形成和积攒经验知识的过程中，发挥了至关重要的作用，它开启并丰富了人类的时间概念，为科学分析和研究物体运动特别是速度问题，打下了坚实的意识基础。我们人类自身也深受前因后果这种因果律时间特性的严格制约。

需要指出的是，今天的科学界关于时光倒流或者时间尺子缩短的理论，并不是否定因果律的时间性问题，相反，他们是在强调因果律的时间性时走过了头，科学认为速度超快后时间会倒流。之所以会如此认为，是因为它们过分相信或依赖所观测的现象，以及根据现象所获得的数学方程。但是如果我们问他们一个问题：时间倒流时速度是正是负呢？或者时间倒流时的速度和距离具体又发生了什么变化呢？它们三者原来的关系还成立吗？恐怕科学家会陷入自己的逻辑泥潭之中。

人类感知现象信息肯定受制于时间的先后顺序，绝大多数存在现象所展现给人类意识的也都拥有一个比较明显的过程，而往往后一个情形就是从前一个情况变化发展而来。特别当我们人类在观察分析两个或以上相关联现象时，一个前因现象和一个后果现象的顺序关系相当明显。

但是，时间也并不是一种存在，时间只能约束我们人类的生命和身体，因为人类自身就是个生命活动过程，时间却不能约束永恒的存在，也不能约束人类意识，人类意识的自由任意性的终极目标就是要突破时间的某些限制。

因此，研究存在世界的因果律既要看到各种现象间的时间性问题，又必须要超越时间障碍来分析各关联事物之间的互变共存的关系。从正反粒子、一对纠缠的光子、原子核与电子的存在关系，到铁永不生锈的条件，再到各天体间正在维系的那种既近又离的空间位置关系，才是最根本的存在关系、最有价值的因果律。

由此联想到连光都需要100多亿年才能走完的宇宙，光又是如何从100多亿年前就从已然好好地存在着的天体上发射出来，如此浩瀚的宇宙，怎么可能会被时间主宰？宇宙的万事万物，它们的存在是相互关联而存在，时间对于它们来说什么都不是，因此，人类认知存在世界的因果律就是要突破时间给予我们的先天障碍去把握它们当中的精髓与永恒的内容。

因果律的核心内容既不是它的空间相对性，也不是它的前因后果的时间性，而恰恰就是事物之间的这种互变共存的关联关系，为什么说这种互变共存的关系就是因果律的核心内容呢？比如氢气与氧气，它们两者可以独立存在，如果将它们放在一个具备燃烧的外在条件与环境中，它们就全部消失共同变成水，再比如铁放在有氧气的空气中就变成了氧化铁，铁一旦遇到水就会生锈。在这当中，氢与氧、铁与氧、铁与水之间的关系就是互变共存的关联关系，尽管它们必须是在一个空间之内，而且先有氢、氧后有水，先有铁、氧后有氧化铁，但是，起决定作用或者说对于人类的知识来说，还是它们会生成水及氧化铁的这种根本关联，当然，最有价值的就是这种关联当中更深层的机理，氢是怎么回事，氧是怎么回事，水又是怎么回事，为什么会有如此变化，等等，这才是因果律的核心所在。

在我们人类已知的各种现象当中，像天体与天体之间的关系、质子与中子之间的关系、原子核与电子之间的关系、正反粒子之间的关系，还有一对纠缠光子之间的关系，等等，或者抽象地说，物质与物质之间、能量与能量之间、物质与能量之间、物质能量与空间之间，要么具体地归结为各种粒子与粒子之间，在所有这些相互关联的各方之间，我们似乎是没有一丝怀疑地确信，都会有各种各样的不同的互变共存的关系存在着，世界的存在就是靠着这种关系维系着。存在因为这种关系而具有不同的存在形式与现象，存在形式与存在现象之间也因有这种关系而共存互变，于是，我们人类认知存在世界也就很自然地需要从存在形式、存在现象以及它们当中的这种互变共存的关系入手，应该说世界的所有奥秘都隐藏其中。

只有那种不需要互变共存的关系便可以独立存在的存在，才是终极的存在，如果有这种终极的存在，那么它就是万能的，或者有另一种万能的存在可以将它们以各种各样的关联关系整合成千变万化的世界，否则还有什么别的途径呢？所以，我们应该更有理由相信世界不可能存在某种终极的存在或万能的存在，即使有某个或众多不可分割的存在形式，那么它们也应当是以共存互变的方式存在着的，这也就是我们会发现越是到了难以分割的粒子状态，似乎它们全都不是以单独的粒子形式出现的缘故，粒子与反粒子、电子与正电子、一对光子等，几乎无一例外地成双成对地存在，无论这些粒子态的存在最终是否同属一质，即各种物质的电子与电子、质子与质子、中子与中子之间本质上没有任何区别，只是数量的差别，我们现在就可以确定，成双成对出现的不同种类、级别的粒子，在属于自己同一种类、级别的两个或多个粒子共存互变的具体关系上，肯定是不同的，电子与正电子的关系、质子与反质子的关系、中子与反中子的关系，甚至一对纠缠光子间的关系，都是各不相同的，也就是说它们会是天生地拥有属于自己的不同的共存机理。如果不是这样，那种属于万能存在的功能怎么实现呢？各种不同的粒子之间又会因为什么原因而不同呢？

可以这样说，假如物质之间没有质的不同，而只有数的不同，世界不会如此千变万化、如此丰富多彩，至少可以断定相互间的关系丰富多彩，而那种属于同一质的不可分割的存在，如果关系一致，无论它们怎么组合也只会有数量上的不同而不会继续互变共存地演绎下去，直至如此美妙的世界。所以说，假如有终极的存在即最终的质的一致，那么至少也会有不止一个质的终极形态，而且几个质的相互之间也会出现不同的共存互变的机理关系。

而作为根本存在的空间，我们已经设定它不是物质、能量或者粒子，它可以而且应该肯定是由各种不同的物质、能量或粒子充斥其中，特别是那种被归结为改变空间距离的能量概念的东西。但是，从因果律的核心内容特别是那种属于物质终极粒子之间的共存互变的关系中，我们应该可以发现，原来空间所给予我们人类感官的所有现象内容，其实就是由这些不同粒子间的各种不同的互变共存的机理关系，所组合起来的众多关系网的外在表现。这些外在表现的内容构成人类意识中的空间结构概念，它不仅有距离、立体的概念，而且还有无穷无尽的结构内容。也正是因为如此，万事万物主要都是经由人类具有空间概念内容的视觉感官系统来感觉、理解与认知。假如不是这样，空间作为一种基本的存在，也许应当也拥有属于自己的那个互变共存的成双成对的反空间存在。作为各种存在之间的互变共存关系的外在表现或内容来说，空间的这种存在其实也可以说有它存在的反空间，那便是我们人类意识概念的空间量度与分辨，因为，只有创设空间意识概念，并将所有因果关系对应为具体的空间概念，才是真正可以被我们人类所理解的，也正因为如此，我们才说一切的存在都是具有空间概念的存在，没有占据一定空间的都不是真正的存在。

因果律的实质就是我们日常所理解的必然性。世界万物映入我们眼帘的或被我们所感知的信息，全部是具体的、个体的，而且是针对某个特定的空间领域，因此，我们人类直观感知的世界或者说我们意识所直接接触到的万事万物都是偶然的，这种偶然性除了我们人是否正好处于所观察感知的空间区域，以及我们感官是否能够感觉到之外，偶然性更多的指产生某个具体现象信息的环境、条件以及所必需的主要元素、主要原因，就是说当某种现象信息所必备的因素、环境和条件都出现时，此种现象就一定会出现。其实，我们人类认知的过程与这个客观因果必然正好相反，我们是从许多具体的偶然的现象信息的思考中总结出某个种类的现象所必备的因素、环境和条件的。现在，我们反过来讲自己意识与思维归纳总结或者推断出来的这些因素、环境和条件，跟与其相对应的某种现象及存在事物进行对接，即假定它们全都在一个特定的空间领域出现时，某种相对应的现象将必然会出现，此种推论的条件和结果之间的必然性，不仅被普遍验证，而且随着人类认知能力的提高,一个比一个更深层的原因和机理将会逐渐清晰,人类了解的这种因果律的必然性内容也就日益全面而丰富。

那么,我们人类是如何获得这些因果律的必然性内容的呢?从各种具体的偶然性信息中总结归纳,然后再进行推断,肯定是对的,但是这显然非常笼统模糊。首先,我们会将前后两个信息及其所反映的现象进行关联,看看它们之间是否存在共存互变的联系,就是说打雷之后是否一定会下雨,是否一定不会出太阳。然后,我们还会将两个可以关联的信息或现象分别进行详细的原因、元素方面的对接与关联,比如说打雷是什么,打雷一般在闪电之后,打雷一般都是在乌云密布当中;乌云是什么,下雨之后乌云没有了,乌云应该是变成水了,等等。当人类的意识从这两种关联当中获得一些似是而非、似非而是的偶然性知识之后,当众多的这种现象出现,或者其他现象中出现这种相同及不同来进行对接与关联的确立,于是,因果律中的必然性内容就真正地在人类的意识中建立了起来。

在获得具体的、直观的、偶然性现象信息之后,将同一个空间领域内前后或共同出现的信息元素进行主观对接,在元素、要素之间,在元素、要素与现象之间,以及在前后现象之间进行复杂的关联,然后,将其中一个偶然性现象信息中的这些个关联,与其他现象其他领域的元素、要素进行比较分析,特别是从中找出它们之间的共同与不同之处,人类意识就能够确立表面现象与表面信息的因果律的必然性内容。利用相同的方法,我们的大脑继续将元素、要素以及信息进行更大范围的归类,或者进行更加详细准确的分类,抽象的某一类概念所对应的事物便有了具体的某一个特性和内容，于是，因果律的必然性内容在某一类概念事物中就变得抽象起来，比如物质与能量概念的分类，物质与能量间因果律的必然性变成了相互转换、共同存在这样的抽象而模糊的内容。没有别的办法，人类认知的方式只能从共性中进行总结概括，在总结概括中获得抽象的概念，然后用抽象的概念再去理解和认知具体的事物。

也正是因为这样的原因，我们在每一个具体的表面的因果律的必然性中，都拥有这样一种可能，那就是可以不停地将相关联事物之间的必然性深入追寻下去，我们做的只是继续关联并追问"为什么"就足够了，比如氢气和氧气放在一起燃烧，我们从表面必然性的因果律获得的内容是氢与氧结合可变成水，如果继续下去，氢和氧为什么可以结合并变成水？为什么它们在一起会燃烧释放能量，而且还需要一定温度？温度又是什么概念？我们会获得另外一组关联的对象元素以及不同的必然性内容，再继续下去，我们肯定就会回到粒子的样式与种类，以及诸如能量与物质这类概念及概念间的因果律之中。由此可见，在作为一种可不断重复和复制的因果律的必然性实质中，还有一个特点，那就是因果律的层级性问题。

因果律作为一种必然性的关联，当然它是可以在其他时间、空间领域中再度出现的，因此人类只需要人为地将所需要的条件和环境准备好，就可以人为地重复和复制同样的因果律，而这个同样的因果律便会在不同的时间、空间及环境中即人类需要的地方出现，这就是人类的技术和改造自然的知识成果。

这样的因果律必然性内容往往是更趋向于表面和直观，人类比较容易进行关联和归纳它们,当然也容易掌握,而对于那些不断刨根究底地思考追问为什么而获得因果律,因为抽象而模糊的共性,也可能是因为人类所不了解的某个特殊个性的例外,因果律的必然性内容不仅本身变得更加抽象和不易把握,越深层的因果律人类的意识能力就越发感觉到力不从心。人类将因果律无限推导下去,终极的目的就是要找寻存在世界最基本的法则。

我们的意识错误很可能会出现在四个方面:一是可能会将不应该关联的要素、元素主观地关联对接在一起而导致;二是可能会忽视其他实际关联要素或者所需要的适合的空间、环境及其他条件,因为因果律具有空间的相对性;三是对于具体的因果关系即必然性内容理解得不够全面、准确;最后,在进行共性与个性的归纳总结与概括中很难避免出现偏差。比如从根本上说,人类关于物质与能量的概念分类本身就是一个大错误,这完全很可能。尽管我们在无限推导的追问过程中可能会出现诸如此类的错误,但是,这丝毫无法阻挡人类智慧找寻自然与存在的根本法则的脚步,人类不仅没有因为在不断深入地认识因果律的征途中搞乱自己的意识,而且通过这种推导与追问,有时还很可能会给我们的认识带来质的飞跃。在人类认识自然因果律与存在的法则过程当中,苏格拉底所感悟的无知稀松平常,但是,智慧就产生于这种无知的感悟和众多因果律的顿悟之中。

因果律是存在世界的关系网,这种关系网反映并决定着这张纵横交错的网的各个结点和部分之间的存在与变化,人类直观接收的信息永远只能是这种存在与变化关系所展示的外在现象,真正的存在与变化关系内容只能依靠思维逻辑即人类的意识、知识与智慧的魔力去理解，因此，我们人类所知道的因果律永远只是存在世界的沧海一粟。人类的求知欲和好奇心一刻不停地追求缩小自己知晓的因果律与客观存在的因果律之间的范围差距，但是，这种追求必须是建立在已知的因果律尽可能正确的基础之上，因为我们需要利用已知的去摸索未知的，已知的如果错误或者迷失重大方向，未知的世界尽管就在我们身边，我们也会熟视无睹。

第四节　人存的因果

人类作为存在于客观世界当中的一个具体的存在形式，显然也是存在世界各种因果律交互作用的结果，应该没有人会否认这种结果现象出现的几率性与偶然性问题。但是，我们的智慧却不能永远地停留在对于所有与此有关的因果律的神奇的感叹中。

假如像我们现在所理解的那样，宇宙没有始也没有终，在以我们今天地球人所处的这个过程往前或往后推无数年时间，宇宙中的事物依然存在，空间依然存在，占据一定空间的存在也不会消失，那么，在这个往前和往后无数年的时间之内，所有的存在现象都是宇宙存在各种因果律交织的结果与形式，而不论这些因果律当中有多少会发生改变，或者消失或者根本不起作用，也不论这个宇宙空间有多大，只要它的空间存在，存在就在，其中的因果律就会有。由此可以想见，或许宇宙没有循环的规律，或许宇宙不是一个奇点也不是无穷之大直至消失，那么，那种爆炸与坍塌的因果现象或许也不可能，但是，任何时候任何过程当中，只要宇宙还存在，存在始终不会消失，那么因果律便会存在，因为所有的具体的存在形式都在其中，它们能同处一个宇宙的原因和内容本身就是一种因果关系，即共存互变的存在关系。

不论这种共存互变的存在关系当中有什么样的被我们现在称之为必然性内容，也不论不同时期这种存在关系及其必然性内容会发生什么样的变化，如果仅限于某一个很长的时期和过程而言，我们应该可以将其中的各种存在形式视为一种平衡的状态，因为它们同在，同在本身就可以当作是一种存在的平衡，而总的平衡状态就是由其中的所有因果律来共同维系。但是这种平衡的存在状态只能就总的存在而言，而其中具体的形式肯定始终在变，一切均是连续不断的过程中的展现。因此，银河系、太阳系、恒星、行星的样式、内容在遥远的过去和遥远的未来都不会是今天的形式，那么，人类就更好理解了，人类在存在的历史过程中，应当也只是一个片刻的现象和存在形式。

如果一切的存在形式都很可能只是存在的一个片刻形式与现象，那么，在存在世界最根本的永恒法则之下的存在形式，一切皆有可能将成为一种千古不变的真理。一切（形式）皆有可能，人类的出现也就不足为奇，同样，人类的消失也将不足为怪。

就具体的因果律而言，人类的存在可以推导至生命的存在，生命的存在可以推导至水的存在，水的存在又可以推到至氢原子与氧原子的出现，这样无限往根本存在方向推导，作为一个科学所称的几率和哲学所讲的偶然性来说，人类的存在似乎并不缺少因果关系。但是，如果从逻辑上反过来推导人类的出现，的确不是一件容易办到的事。所以，从哲学上说，是因为有了存在现象和存在的具体形式，我们去思考它们的因果，然后用这个已经存在的因果律去推广到未知的世界，同时，我们的认识论又必须清楚，因果律虽然是一种必然性的内容，却必须受到空间相对性的限制，而时间作为存在的过程即所有存在形式的总和则成就了一切皆有可能。

生命在世界的偶然之间出现，人类其实就是无数种生命中的一个偶然，假如不是人类，在无数个种类的生命形式中，肯定会有复杂的也会有简单的，有高级的也有低级的，而在地球上处于最复杂最高级的恰巧就是我们人类自己。这种同处某一个空间环境中的不同存在形式之间的高低之分，不仅会在海洋中出现，在森林里也会有，即便是在将来某个被发现有众多生命形式存在的其他星球上，肯定也会有简单与复杂、高级与低级之分，存在世界的存在形式永远是多样的，星系与星球会有差别，生命体照样会有所不同。

从这个角度讲，存在形式的多样性让生命体中出现某个顶级的个类，是最平常不过的事。但是，同时我们又必须明白，存在世界的这种多样性并不是让这个处于顶级的生物在任何方面都会处于最强者，否则，这种多样性和一切皆有可能将会大打折扣。就拿地球中的生物来说，人类无论从某一个身体组织或某一单项能力来讲都不是最强的，个体不是最大的，也不是最快的或者最灵活的，既不能像鱼儿那样在水里游泳，又不能像鸟儿那样在空中飞翔，在陆地上比人类凶猛强悍的动物多的是，就拿前面分析的感觉外在信息的器官来说，许多感觉能力人类都远不如某些动物，那么人类特别是人类的智力又是如何出现的呢？所有的人都会将答案指向人类的大脑。但是，人类的大脑也不是一下子就开启的，更不是天生就比别的动物发达。

迄今为止，有证据显示人类的出现最早在200万年前，一个在东非，另一个在中国河北的泥河湾。在此之前，人类的前类不知道用了到底是多少千万年的时间才懂得用石头和木棒捕食的，而在此之后，直至距今一万年左右的时间，我们人类用了足足200万年的漫长岁月，一代代生活在诸如石头、木棒等类的原始的现成的工具所带来的水平上。就是在这样漫长的过程中，人类的大脑才开启了智力。

针对人类智力开启的具体原因，几乎所有人都会说是劳动，特别是使用工具的劳动，可是，如果根据我们刚刚的分析，继续追问为什么会劳动及为什么会使用工具去劳动，也许能回答的人少之又少。

我们可以这样去思考这个问题。假如是在水里生活，水里没有可以用的工具，所以没有水里生物长有双手，假如鸟儿长了一双手，它也没法在空中飞行的过程中派上用场，一双爪子就足够了，但是，像猴子之类的动物，长有双手生存能力就能大大提高，走路、爬树、摘果等似乎一切的存在现象都在说明众多因果律的这样一个共性：物有其用，物尽其用。这可能就是生命体这种存在形式生存、发展、变化的基本法则。

这样，人类智力开启的疑问只剩下人类和猴子的分类与区别了，也就是说为什么一部分猿猴变成了人，而一部分依然没有。进化论主要回答的是不同的物种之间的变化发展，而针对人与猴几乎是同类动物，为什么一个智力开启另一个没有开启的问题，疑问众多而回答者甚少。现代的考古学成果时常给我们展现这样一幅图景：200万年前一只猛犸象陷入沼泽，一群人猴难分的动物用石头砸死大象，并用石块削肉食用。假如猴子所处的地方果实丰富，猛兽不多，养尊处优的它们如何会去考虑用石头和木棍？相反，假如果实不多且长在树的高处够不着，饥饿的猴子饿急出智很可能用尽脑汁想办法，最后偶然有个猴子想到棍子并最终尝到了甜头。而对于陷入沼泽的大象，一群饥饿的猴子看见很多次，有时大象慢慢地挣扎出来走掉了，有时大象困死泥潭之中，猴子们因而丰盛一顿，而有时为了不让大象跑掉情急之中随手抓起石头去打大象，结果拥有意外收获与惊喜。由此可见，生活所迫与急中生智在有情感的动物当中不是什么稀罕事情，只是具体的机会和概率有所不同罢了。那么，我们应该也可以将人与猴子智力开启的差别也归结为具体生活中的一系列偶然的机遇，但是，可以肯定，生存与生活的紧迫性越大，或者遇到的开启智力动手的获利机会越多，那么，整体的智力水平提高的可能性也越大。这种道理不仅在几百万年前适用，今天的人类也时常会出现这样的情况，比如被生活所迫的罪犯所采用的犯罪方式往往超乎寻常智力水平，颠沛流离的生活让犹太人拥有更高的智商。

从人类的出现特别是智力开启的分析中，我们看出，有感情的动物在漫长的生活所迫与众多偶然机会中，其智力的变化、发展是正常的合理的结果。而所有正常与合理的智力水平当中，不仅相对于不同物种，即便对于现今社会中的每一个人，智力的高低不同也是很明显的，因为，存在形式的多样性自然也包括有生物及其智力的分化。

就整个人类来说，智力的真正开启有两个历史标志，一个是2500

年前的古希腊文明和中国春秋战国时期的"百家争鸣",而另一个是六七百年前西方的文艺复兴。2500年前,人类在思索这些内容:究竟我们人是什么,心是什么,思想意识是什么,心外之物又是什么,和我们人又有什么关联?为此,我们人类应当如何看待我们自己又该如何对待我们所处的自然?这种思考尽管出现许多臆想和谬论,但是,却都提出所言之理,并由此分离出众多具体的学科,使得人类的智力与存在世界之间开始了具体而现实的对接,因此,这是人类智慧真正意义的开启。六七百年前,由于中国造纸术与印刷术传入西方,让以达文西为代表的那些先驱们得以方便地真切地了解人类过去的思想与真实典籍的真实记述,当大家获知它们与宗教口口相传的内容完全不同时,被蒙蔽近两千年的人类智慧再次爆发。哲学家开始了重新思考和整理,科学家更是开始了他们智慧与实践相结合的大放异彩的探索之旅,特别是对于力的理解与认识,以及后来的对于电磁力、电磁波的认识,今天的人类不仅能在更加公正合理的社会关系中共处,而且可以享受由于这种智慧的开启与爆发所带来的方便与实惠。

人类的存在与发展,在今天看来,似乎就是两个内容:一个是哲学家所思考的怎么样才会更加公平合理与和谐安宁,另一个就是科学家所研究的宇宙世界的存在真相。而如果将两项内容综合升华的话,那就是人类的个体与整体如何才能永远存在,而且是随心所欲地生活。

然而,面对今天的发展现状,如果仔细想一想的话,人类的未来存在与发展似乎受着巨大的约束,我们认识世界感知世界严重受制于我们人类感官的限制,似乎我们的全部认识和信息只能通过眼睛用视力内容去理解,不论这些信息是来自于直观还是通过仪器设备进行转换后的观察,另一方面,我们认识世界的已有储备知识和基础能力又似乎被死死地限制于两个方面:一个是基于力和时间的理解认识,另一个是基于电磁波和电磁力的依赖。这两方面知识已经成了人类进一步深入认识宇宙世界和征服世界的全部依靠。我们不可否认人类这两方面的进步所带来的巨大成果,也绝对不会怀疑它们对于人类未来认识世界的正面意义,但是,如果我们从根本上直问自己一个问题:假如它们将我们人类认识引入的是一个死胡同或者是一个非常不全面的狭窄领域怎么办?难道我们会像人类当初使用石头和木棍那样坚持200万年?或者像宗教主观编造的那样蒙蔽2000年?显然,人类的智慧绝对不会再次容忍这样的经历重现!因为它已经开启并且日益开化。那么,我们就这样坚信我们认识世界所依赖的这两方面知识正确无疑吗?难道我们就这样确信它们就是打开全部存在、宇宙认识之门的钥匙吗?

应该说我们无法保证和确信。就拿我们地球上的例子来说,海洋中的鲸用声纳去探路、指引并锁定猎物,就这个水中的声纳机械波来说,各种海洋动物所使用的方式、能力差别巨大,在空气中,我们人和很多动物一样通过空气振动传来的声波来听较大的声响,但是蝙蝠的那种自己发出微弱声波并接收回波信息的方式,显然也大不相同。另外,地震波也是,我们人类可以用统计的意识办法分析,地震一般会在两极之外发生,在地表形态不同所构成的板块交界处发生,而且往往是在北半球天气转暖的这九个月当中,一般情况下,只有地震在一个地方发生了,接下来的十来天内,地震有可能会在全球任意一个两极之外的板块交界外不间断地出现，这当中最厉害的往往是第一个，而一旦这几天过去，往往又是半个月相安无事期。可以说，人类就这个问题利用智力已经是非常明显的了，其他动物无法匹敌，而且人类利用机械波和电磁波的知识经过了无数次艰苦实验，但是，至今仍然不及躲在洞里的老鼠和蛇那样准确。显然，地震之前所传来的那种能被它们接收的波或其他形式的信息，跟我们科学所采用和所掌握的方式、内容差距甚远，否则我们人类更容易获知这个地震信息，就跟我们人的耳朵被动听的方式和蝙蝠的那种用波的方式不同一样，我们死抓不放的地震测波方式，也许从根本的方式或方向上就错了。

如果将地球上这样的例子放大并推广至广阔无边的宇宙世界，那么，我们就更有信心质疑我们所依赖的那些知识，人类的未来存在发展必须扩大思维与研究领域，不能受制于科学的偏门发展，我们有必要从根本和本原出发思索我们所面对的一切，一切的存在形式和一切的存在现象。

既然人类的出现有其因果的必然性，这必然性中有几率与偶然性，即存在形式的多样性，而且这种多样性让我们人类的智慧得以出现和发展，特别是以哲学的开启模式和科学的进取方式，那么，人类的智力就会注意到我们所拥有的现成的知识储备，以及它们可能存在的限制与约束。人类智力的最具活力的自由任意性，便会在人类认识世界和改造世界的过程中彰显它的魔力。

第五章

知识的突破

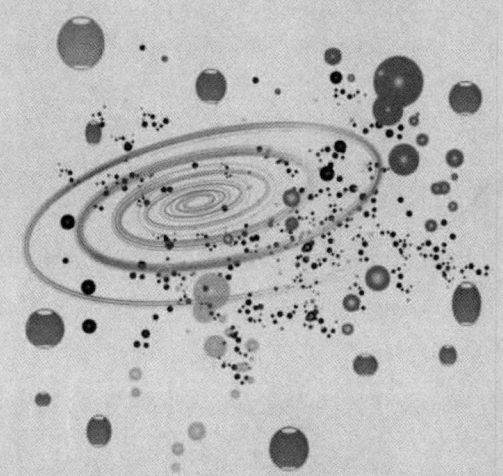

第五章
論文的形式

第一节　印象与概念

今天的人们学习掌握知识主要是从前人或别人那里获得，知识的记载形式对于人的大脑思维来说也都是现成的文字、图像等，只有少部分是在完成知识的创新工作，这当中一部分是在综合前人和别人已有的现成的知识，并用思维逻辑进行推理与分析，试图获得全新的或者是修正的观点、结论或理论，而另一部分人则直接涉足或面对存在世界源源不断地带给我们的各种信息，有的探索，有的是实验，有的是观测，他们的目的只有一个，那就是试图获得更加全面的全新的存在信息，或者是解读它们。

就人类整体而言，知识的突破则完全寄托在那些从事知识创新工作者的身上，那些进行思维逻辑推理与分析的人，其任务就是纠正关于已有知识的片面乃至错误的理解并拓展出新的认识，而那些亲身获取外界信息并进行理解、分析和介绍传播的人，他们所从事的工作显然就是人类整体知识想要取得重大突破的核心所在。因为人类所有的知识都起源于外在世界给予我们的感官印象，这种感官印象的内容就是这个外在世界所传递的各种原本信息，我们需要接收并感知这些原本的信息，人类的所有印象必须是自己所能感知到的信息，否则，人的大脑意识不会产生与此有关联的任何印象（不论这种印象是否是个错觉），那么，与此相关的全新知识自然也就无法形成，知识的真正的突破便难以实现。

我们现在有关原子、电子、光子、反粒子等的印象，由于很难直接获取仅属于它们各自的原本信息，或者说所获得的信息往往是我们人类主观分析和比较的成分较多，所以关于它们的印象就远不如我们能够看得见的其他事物那样真切。如果是科学家理论推导的暗物质、暗能量，则我们关于它们的印象就不能用是否真切清晰来形容了，可以说几乎没有任何印象，一切似乎都是基于引力规律的猜测和臆想，因此我们关于它们的准确知识便无法在大脑的意识中建立和把握。

虽然人类探索新的事物、获取新的存在信息不能没有推测和猜想，但是最终的真实信息与确切印象的建立，则必须是我们人类感官可以感知的内容形式，而不论它是直接的还是间接的，只要是可靠的、确切的、可感知的（或有感知内容的）信息，哪怕它容易让我们误解，也完全可以成为我们人类的知识，而且可能是全新的知识。因为只有这种可靠的、确切的、可感知的（或有感知内容的）存在信息，我们人类的大脑意识才能够拥有确定的印象，基于确定印象的分析、判断所构建起来的概念、经验与理论，才是可靠的和可以把控的知识。

然而，对于这些可以建立感官印象的存在信息来说，人类所依靠的感官主要就是视觉，即日常所说的"眼见为实"。本来是用以说明视觉信息比其他信息更可靠，但在人类和外在世界之间，我们的视觉不仅是相对可靠的，而且是最主要的信息连接渠道。可以这么说，人类视觉无法建立印象的信息，对于我们来说，就好像它们不存在一样。因此，在外在信息种类和我们人类主要依赖的视觉印象之间，存在着巨大的差距，人类知识的最终巨大突破必须在它们之间架设起更多的桥梁和纽带，甚至可能是超乎现今人类所能想象的诸多转换环节——也许是设备性质的，可能也会是生物性质的——但不论这中间怎么复杂，最终的信息内容必须是视觉可以建立印象的。

人类视觉的印象有很多内容，而几乎所有的内容都和空间相关。温度概念所对应的印象本来是我们皮肤触觉的内容，但是温度的概念在转换成某个空域中物质粒子的密度和运动速度及激烈程度的内容时，其实质还是视觉上的空间内容；但是，听觉的声音和味觉的味道内容就不是那么简单，听觉还好，机械波的频率转换似乎也是空间视觉内容，然而如果让我们再深入建立机械波、电磁波和物质粒子波的准确空间印象，视觉就很难完成，而只能通过我们已经确立的各种视觉印象内容所组成的或抽象出来的概念去理解了。相比之下，很显然，概念似乎没有印象那么可靠，如果要让新的概念或概念组合的内容所描述的信息内容绝对确立，我们常常还需要进行实验验证，这样做的目的只有一个，那就是看是否能在印象中确定它们，而不能仅仅依赖相对较为抽象的概念。

存在世界的信息形式也许会远远超乎我们的想象。人类主要依靠对于力和电磁波的知识以及视觉印象所确立的所有科学知识内容，可能与真实的存在之间拥有超乎想象的差距，那么，怎么办？我们只有在意识中主观放宽信息的种类形式，用一切皆有可能的理念去面对我们所要接收和感知的外在信息。我们应该想象到：无穷的信息都传递到了我们身边，只是我们全然不知或者知之甚少。

印象是我们人的大脑和感官对于外界现象、信息的把握内容，是针对存在世界各种原本信息的反映，因此印象的内容是凌乱的、具体的、复杂的又是现实的，人的大脑意识必须对它们进行思维处理，比如说，识别它们的相同与不同，并进行分类比较和归纳概括等。总之，原本信息在人接收之后是需要吸收理解的，经过理解才能形成各种各样的概念，在意识上形成概念之后，也就更加便于识别和理解其他的原本信息以及所带给我们的印象，进而便于大脑的记忆以及更高级知识形式即经验与理论的形成和确立。而在概念的形成过程中，以及概念形成经验与理论知识的过程中，人的意识对于存在世界来说，最为核心的工作也在同步完成，那就是意识关于存在世界的因果律的建立。

概念和印象相比，肯定要笼统抽象，但就是因为笼统抽象才实现了对事物信息的识别、分类、归纳、概括，也就是因为思维的识别、分类、归纳和概括，概念才变得笼统抽象，由此，人的大脑意识就会更加方便地掌握这些印象和信息。当然，概念相当宽泛，有直接描述印象的，比如白色和臭；有分类、归纳后的，比如颜色、味道、温度等；更有高度概括的和抽象的，比如建筑、物质、存在、质量等。直接描述印象的概念与印象本身之间，尽管还是一个笼统抽象、一个具体确切，但是相比之下两者所代指的内容差距不是很大。然则，随着概念越来越赋予人类思维以主观内容，它也就越来越笼统抽象，在概念和印象之间，差距自然也就变得越来越大。在最简单的具体概念和直接印象之间内容相差不大，而在抽象概念和印象之间，差距则相当之远，但是我们人类最终要形成的经验知识与理论知识之时，无论是具体的抑或是抽象的概念都是必不可少的。于是，自然就出现这样一个矛盾，这个矛盾本身是天然存在的，却又天然地在阻挠人类的意识去认识存在世界的真相。也许，这，就是认识论所要解决和思考的一个重要的核心内容。

显然，这个矛盾就是：差距不仅在人类所能感知的印象信息和外界原本信息之间存在，在印象内容与具体概念、具体概念内容与抽象概念内容之间，而且在概念和基于概念所形成的经验知识、理论知识之间，甚至在经验知识和理论知识之间，全都毫无例外地天然存在。

印象是具体的、现实的、确切的，尽管它不一定代表真相，但相对于人类知识的其他形式与层级而言，印象还是最好把控的，因而我们说它是最可靠的，言外之意，知识的层级越高，其内容的可靠性自然越差。因此，我们会常常发现那些被奉为真理的知识，一次次被更新替代，就是这个根本缘故。

经验与理论是人类知识的重要形式，它们不可或缺，然而经验往往经不起推敲和检验，理论往往又被一次次更替和修正，那么，我们有什么理由来确信那些业已确立的许多重大、关键概念的真实可靠性呢？毕竟在概念形成之中人类掺入了很多主观内容，可是，人类的认识过程就是这样的，我们别无选择，那么，我们又该如何确保那些概念的可靠性呢？或者说怎么才能使得我们的概念、知识更加接近真相？一句话，就这一层面而言，人类知识如何获得突破？

首先，我们必须对某些概念及概念所指向的内容继续进行细化、分类和详尽甄别，比如白色，我们细分为乳白色、灰白色就是这个道理。同样道理，关于存在、物质、能量等诸多抽象概念，就更需要详尽地分门别类地去认识和分析。

另外，在概念、经验、理论等知识形式形成的过程中，我们人类意识所同步完成的既然是关于存在世界的因果律，那么说因果律就是所有知识的成果或核心内容，是我们意识对于存在及存在事物、现象的把握，这样，我们就有必要利用这种存在与意识之间的相辅相成的内容形式，帮助我们提高概念、经验与理念知识的可靠性。那就是：将更多的更加确切的或者可以确立的那些各种层级的因果律利用到所有知识形式当中，进行甄别和验证。比如质量的概念，我们将重量、粒子数量、粒子性质、粒子结构等与此有关的概念所指向的内容及所对应的因果律，利用到分析业已建立的质量概念内容上，我们便会得出相当复杂的或者是完全不同的结果概念，由此类推到物质与能量的概念内容，就都会产生同样的效果，那么，在这各种结果内容中，如果再进行比较分析，看哪一种解释内容更具合理性，这时得到的概念其可靠性自然就更高了。

除此之外，人类主观必须针对全新的印象、信息整理出全新的理论，创立全新的概念。也许这个概念更加模糊或难以确定或者根本就是个错误，但，作为人类思想知识的主动打开，特别是新的未知领域的开拓，主观意识先行并创立新的概念代替旧的概念作为研究分析的核心，那么，我们获得的突破机会肯定会多起来，因为，谁又能确保自己现在所持有的就是永恒的真理呢？显然没有人相信。比如根据物质、能量概念所提出的暗物质、暗能量和反物质概念以及反粒子的概念，甚至已经非常成熟的量子的概念，都是比较明显的好例证。

第二节 经验与理论

在所有人类意识反映和认识存在世界的活动中，作为感官直接感知外界现象、信息内容的印象，是最直观、最切实的，因而是最可靠的。但是，在印象基础之上经过人类主观思维活动所获得的其他知识形式，其可靠性问题就变得相当复杂，这也就是它们为什么会成为哲学认识论主要内容之一的原因。

在经验与理论两者之间，由于人类的思维习惯，经验显得更为直接可靠，但理论却更有价值。

人类思维将相同的或者不同的现象、信息（即外界给予人的印象）进行总结、归纳而整理出来的知识内容，就是经验。经验的内容往往是比较直接的、表面的、浅显的或者单一的，往往相同的现象、信息及过程会产生同一种经验知识，而在用一个经验去验证另一个具体现象、信息时，如果出现了不同的情况与过程，新的经验知识便很有可能在这个比较分析当中产生。经验知识以其重复出现性及普遍性为特点，并以此来确定其可靠性，因此，当特例及例外情况出现时，往往会引起习惯于经验思维的人们的强烈关注与兴趣，人们便会很自然地去思考和找寻它们为什么不同的真正原因。一旦获得合理的解释与分析，不是一个全新的经验知识诞生，便是一个系统的理论就要形成。

理论在本质上和经验没有什么区别，它们都是关于存在世界的因果律的理解与分析，只是理论将各种相关的或者不相关的经验、概念组合起来，进行系统的逻辑分析，所获得的知识内容不是关于事物间因果关联的某种系统的全新理解、认识，就是关于它们的某种完整的主观分析、推测和猜想。

除了相比而言的直接与间接、表面与深层、单一与复杂、直观与抽象以及零碎与系统的区别之外，我们人类习惯将知识的形式界定为经验与理论的原因，主要是想区别它们是关于过去的还是针对未来的，关于过去的某个简单而直观的称之为经验，而针对未来的具有指导意义的，便称之为理论。理论之所以对未来具有指导意义，是因为理论往往建立在经验基础之上，而且是关于事物更深层因果关联的系统解读，因此使得理论在面对未知领域及现象时更具有普遍适用性。但是，随着理论的一步步深入，它们关于存在世界的认识与解读，往往就会归结为两种基本存在形式之间的某种简单而神秘的因果关联。

我们拿水这个例子来说，水柔无形、结冰成块、煮水顶盖、沸水成气、水能载舟、水往低处流，等等，这些都是直观的现象，当这些普遍的现象给予我们人类的感官印象已经形成一个习惯性思维意识内容时，它们就变成了我们的经验，我们人就知道液态水没有形状，固态时会因为温度下降结冰成块，而气态的水会膨胀有压力，另外，水有往低处流的冲力，也有浮力可以载舟。如果我们结合这些经验，加入其他知识，继续深入思考下去，就会知道它们之所以会出现这种情况的原因和道理，比如物体三种状态的结构、地球的重力以及水和空气的浮力比等方面的知识内容，这就是理论。但是，存在的世界浩瀚无边，存在的形式层级无数，解读和认知它们存在关系内容的因果律的理论也就永无止境，因此，当理论一步步深入下去时，我们便会得出这样一些理论或结论，氢可以变成水，引力与质量有关，力就是能，能量又和质量密切相关，等等。一切有关自然存在世界的深层理论，似乎所解读的关系就变得越来越简单，全都集中在两种存在形式或者两种概念之上，而且似乎只有这样的理解才真正接近存在的真相和本原。

最初级知识的具体概念和印象没有太大的区别，最简单的理论和经验之间也难以区分，经验不仅构成理论的基础内容，而且往往验证理论还需要用经验来检验。再复杂深奥的理论都不能没有经验认识和判断，而那种接近终极的理论所要阐述的诸如引力与质量相关、质量就是能量这样的因果律，其内容的形式其实也都是经验性的或者说是没有理论的，因为无穷个为什么追问下去，往往结果是无法回答的。比如引力为什么和质量有关、质量是什么、引力又是什么、质量为什么就是能量，等等，似乎越是接近终极越深奥复杂的理论，其核心因果律的内容全都是直接的或者说是没有道理可讲的，这就是平常所说的自然的或者固有属性。一切不讲逻辑道理的性质对于人类意识来说，只要是可以接受的，就又都是经验的，或者叫做习惯的。可见，意识与存在的统一性不仅体现在相互协调的层级上，即知识层级与存在形式的层级协调统一上，而且也体现在这种意识的接受性和相信力上面，即人类思维意识的习惯上。

经验很可能是错误的，迷信往往受制于主观意识或经验，且会因为缺乏因果律的内容而表现为无知，那么，如何增强经验知识对于我们思维的可信度呢？其实就是增加经验知识内在的或者之外的其他可以理解的知识，而这一规律和要求对于理论知识来说同样适用。也就是说，无论是经验或者理论，只要它们有更多的或者更加细化的合理解释，就可以增强它们的可信度，增加知识的可靠性，这种方法其实质上就是验证，验证的目的就是增加它们的可信度，而不论验证的方式是直接的还是间接的，是实验性的直观的印象形式，还是其他知识的逻辑关系形式。总之，经验与理论不是单一的孤独的，不管是它们的来路还是去向都不是，因为对应于它们的存在世界本身就是相互联系的而不是孤立的。

所以说，经验和理论作为知识的高级形式，有一个共同的特点，那就是需要通过直观观测或者其他经验知识来提高其内容的可靠性。经验和理论的内容绝对不是完全封闭和孤立的，真理如果不是被一次次新的实践经验证明，就是可以被一系列其他可信的知识与逻辑合理解释。

仅就经验来说，其可靠性依赖于其核心因果律在现实的其他领域中出现的概率，概率越高甚至千篇一律，那么就越可靠，并容易形成某种既定思维，有时还会被奉为绝对真理或公理。然而，现实当中，任何一个现象、过程都有其出现的空间、环境和必备条件或者所要针对的对象，而所有这些需求都很可能是导致某个相同或者意外情况出现的原因，在一个现象过程中的因果律就会不止一个，甚至是同时出现和相互影响。为此，我们在对待具体的经验知识时，特别是在运用它们去解读现实某个复杂现象和过程时，不仅要注意到经验知识的因果律内容所涉及的存在层级和所适用的空间范围问题，而且还应当注意现象过程的具体环境、条件等因素的不同，更应当注意所适用的经验在整个现象和过程中所处的地位如何，是主要的还是次要的，是起决定性的还是辅助的，抑或是共同相互作用的结果。

而对于理论来说，其核心任务就是找到深层次的因果律或者完整的成系统的因果律，如果不是发现新的因果律，就是将因果律进行合理有效的整理。另外，实践检验和其他知识所给予的逻辑解释是否符合我们人的思维习惯，也都是理念知识可靠性的基本标准。因此，拥有更深层因果关联解释的理论知识，以及那种可以被直观印象及实验经验验证的理论知识，是更加科学的、可靠的，而那种能够将不同层次的因果律有机统一起来的理论，则更具发展潜力或者说更值得关注。

理论的突破需要做到以下几点：一是需要扩大人类相关印象、信息，将久远的、现在的或者未来可能有的新的印象、信息结合起来，避免疏漏，因为任何一个疏漏或不经意间放弃的个例，都可能隐含着某个全新的因果律或自然法则；二是需要根据知识已有的发展水平创新甚至创造概念或者细化对于某一现成概念的理解和分析，因为概念作为知识内容的支柱形式，具有举足轻重的影响作用，这种影响作用往往在理论进一步深入之时会成为一种障碍，比如前面提到的质量、时间的概念，还有物质与能量概念的区分；三是人类主观上不应不自觉地接受已有经验和理论的束缚，而应当在更大范围的经验与理论面前运用好人类思维的逻辑性与任意性能力，只有这样，思想不受禁锢，理论的路数才有可能广开；四是必须注重存在形式的层级对于相应因果律的不同的问题，知识特别是理论知识在更大的或者更微小的空间层面，很有可能会因为遵守着完全不同的天然法则、拥有完全不同的因果律而变得相互矛盾或者无法相通，微观世界的理论往往在宏观上行不通，这是正常的，但却是我们理论提出者必须注重的。

在这四个方面问题当中，概念问题对于理论的重要影响需要着重阐明一下。科学家如今提出的"暗物质"新概念，假如它确实存在，那么随着这种存在形式的出现将会伴随有其众多完全不同的因果律及相应的理论出现，可是，如果我们仔细分析一下"暗物质"这个概念的由来，就会有这样一组概念和现象摆在我们的思维逻辑面前：星云和星系及天体的非一般运动形式、非肉眼可观测的天体物质的吸引力、质量、物质、暗物质。"暗物质"概念就是由这样一组东西推理而来，由于观测到宇宙中很多星云和星系及天体的运动形式不像太阳系那样遵守万有引力，而科学家又绝对确信万有引力关于它们运动形式的决定作用，于是便认定是由某些无法观测的东西的质量引起，因为万有引力就是关于引力和质量的因果关联，所以，就肯定这是个全新的物质，因为看不见便命名为暗物质。但是，假如就这一整套理论中的关键概念进行仔细甄别，情况也许会大不一样，比如说，引力是什么？质量又是什么？引力和质量哪一个更加确定无疑？两个概念及其所代指的东西本身就比较模糊，那么，可以想见，在这两个概念基础上业已建立的引力与质量的那个关联就不能被确定，用无法确定的关联去推导一个全新的概念暗物质就很可能将人类的认知带入一个歧途。我们哲学并不是凭空来否认科学的创新，创新确实值得肯定，但我们所要指出的是，在理论与实验创新的时候，确实需要关注这当中某些关键概念以及它们之间因果关联的重要影响。

理论的突破，必然会影响到经验的突破与修正，反过来，经验的修正与积累在客观上也会为理论的突破创造必不可少的先决条件，在对于扩大人类接收原本信息的来源和渠道要求方面，经验与理论是共同的，而注意不疏漏或放弃任何不经意间的个案与特例，则是在经验实践中对于理论突破的关键性要求，往往某些改天换地的重大发现和进步都是源自于这样的苛刻实验，比如人类发现电磁力、放射性元素、X射线等全都是在繁杂的经验实践摸索中的一系列偶然发现获得的。对于人类应当质疑已有的经验与理论知识，主动地放宽已有的认识，而不受某些看似放之宇宙任何一角皆能适用的公理、定律的主观约束，是因为前面我们已经说过一切皆有可能的原因，存在形式的多样性必定会导致多样的存在形式遵守多样的自然法则。这种多样性在存在世界中的重要体现就是存在形式的层级现象，而这种存在形式的层级所对应的具体自然法则就是因果律，存在形式的层级和因果律的层级所共同指向的便是事物所处空间的大小层级问题，也就是说，理论知识必须首先遵守其核心内容即因果律的空间层级的要求，在大小相距甚远的不同的空间领域，理论会因为没有千篇一律和统一适用的法则与因果律而无法一以贯之，理论只能是具体的有空间针对性的，因而所有的理论只是相对的，绝对正确的理论是不存在的。

只有人类思维意识是不受约束的，虽然它的内容始终具有局限性，局限于人类认识的范围，但是这种局限性会随着认识范围的扩大而逐渐放宽，而对于人类思维这种非存在的事物来说，它本身不受存在世界法则的空间性约束，也正是因为这种意识的任意性，人类的智慧、人类的知识才得以一刻不停地前进。如果没有我们那个放任不羁的主观意识，我们拿什么面对那个永无止境的宇宙世界？

第三节 思维的方法

存在世界本身是什么样子和人类所理解的样子肯定是两回事。我们人类所能认知的世界永远无法触及它的全部，永远只是它的冰山一角，但是，对于人类来说，存在世界的模样归根到底还是取决于我们人类把它理解成什么样子。

人类理解和认知世界，不仅受限于我们天生的感觉器官所具有的天生的感觉方式和能力范围，也受限于全部世界所能带给我们的有限的信息，而且还受制于我们人类所运用的思维方法。可以肯定，不同的思维方法将会产生关于存在世界完全不同的理解，人类之所以如此拥有智慧，除了勤劳与经验积累之外，主要应归功于我们在自己的精神世界中所创建的并且是日臻成熟的思维方法。

那么，什么是人类思维的方法呢？对于这个问题的回答也许会相当混乱，比较、分析、判断、总结、归纳、推理，甚至实践、经验、实验、科学、逻辑、数学等都可能涉及。显然，这样的罗列式回答无法反映这个问题的实质性内容。

从前面两节的分析中，我们已经知道人类知识可以大致分成这么几个形式及过程：印象、观念、概念、经验及理论。最接近存在世界原本信息的知识形式及过程是最有把握和最可靠的，所以，经验知识依赖其重复适用的概率来确定其可靠性，而理论知识则必须经过经验验证，只有这样人类才可以通过最终的直观印象形式确立知识。而对于那些个诸如宗教、迷信、神与鬼之类的许多有关存在世界的观点看法，由于无法通过实践和直观印象来验证和确立，因而被现代社会认为属于主观上的一些说教和信奉，不在知识之列，特别是其中的针对那个相对于我们主观意识而独立存在的世界，就更谈不到知识层面，因为至今没有一个人直接见过鬼和神，即使有人硬要说自己见过，也拿不出任何现实的证据，或者能让听者亲眼看见。

那么，就这些知识的形式、过程和可靠性的确定依据与方式来说，它们究竟又是什么呢？为什么会是这样？如果不按这样的过程和方式而是换个别的能不能行？

很显然，我们人类关于世界的认知方式只能是这样，它是天生的必然的，我们认识存在世界的方式和过程就是这个样子，我们也只能由此来确立我们可以把握的知识，并利用这些知识再去指导认识新的存在世界及其新的存在形式，这是我们的思维习惯。

由此可见，人类思维的方法当中一个重要的基本的内容就是我们的思维习惯，人类的思维必须符合这样的思维习惯，违反这一思维习惯，人类将无从认识世界也无法建立可靠的具体知识形式及知识内容。

正是基于这样的思维习惯，人类才在意识与存在之间找到一个共同的相通的统一概念，那就是空间。空间既是那个客观存在的活动范围,同时又是人类意识中那个有着长度和体积的意识概念工具,所有的空间无论有多大,从意识上来说它都可以由无数个微小的相同内容的空间组成,或者说无论多大的空间都可以分割成无数个微小的但不是零的空的小空间。因此,一切存在之物都是空间的存在,不占据一定空间的存在以及不占据空间某个位置的存在,就不是一种存在。反过来,假如某个被说成是存在的东西实际上却没有空间体积也不占据世界某个空间位置,人类的直观印象便无论如何都建立不起来。这,就是我们的思维习惯,也是我们的思维方法。

人类关于世界的印象全都来源于直接的感受和间接的领会,人类意识关于意识之外万事万物的知识也都是来源于对这些印象的分析、判断以及总结,除此之外,我们人类没有别的办法来构建我们的知识,因为我们的知识就是这么来的,也只能这么来,否则,主观臆造不是无法理解就是根本谈不上可靠性。我们人类拥有如此的思维方法、思维习惯是天然的,也是必然的和唯一的,而面对这样的思维习惯我们别无选择,只能选择与它相适应的。反过来说任何违背人类思维习惯的做法或说法,只要是针对存在世界,那么它肯定不可靠,注定是人类无法接受的,因而不能作为关于宇宙世界的知识和可能的真理来看待。

当然,思维的方法不只是我们的思维习惯,还有我们的思维逻辑。思维习惯的实质就是哲学中常说的物质决定意识,所以它是天生的,我们别无选择只能选择适应。思维习惯同时也说明知识来自于存在的世界,富于存在基础的知识才是可靠的,而那些仅凭纯粹空想与意念获得的,则没有什么可信度。那么,什么又是我们的思维逻辑呢？

我们的知识有这么几个主要的过程形式：印象、观念、概念、经验、理论。在每一个形式的建立过程当中，外界信息的传入自然必不可少，而且起着决定性作用，因为有什么样的信息就会产生什么样的印象，有什么样的印象才会形成什么样的观念、概念，有什么样的观念、概念及实践经验，才会产生什么样的经验知识与理论知识。但是，人类所感觉到的信息以及所经历的实践活动毕竟都是客观的现象或过程，而我们在精神意识当中所创建的所有这些知识形式却又都是主观的形式，知识本身是纯精神的不占据任何空间体积或空间位置的，所以，在所有知识形式创建过程中，那种纯粹主观形式的知识，起到了至关重要的作用。这，就是我们所说的思维的逻辑。解析人类思维的逻辑不仅有助于我们了解客观现象信息如何形成不同形式知识的具体过程和方式，也将有助于我们不断丰富完善我们的思维逻辑。用一个现代的例子来比喻，外界的现象信息就是我们输入电脑的文件，而运行电脑的软件便是我们人类的思维逻辑，不同的思维逻辑，获得的运算与思维的结果会有所不同。

关于这个问题，不乏哲学大家的深入分析，其中，爱尔维修的某些观点最为精辟。他认为：产生我们的一切观念的，是肉体的感受性和记忆，或者说得更确切一点，仅仅是感受性。他将人的精神活动全部都归结到感觉，同时指出：精神的全部活动就在于我们具有一种能力，可以觉察到不同的对象之间的相似之处或相异之处、相合之处或相违之处，即全部精神就在于比较我们的各种感觉和观念，亦即观看它们彼此之间的相似之处和相异之处、相合之处或相违之处。

可以说，人类关于外界现象信息的所有主观处理即现在我们所说的思维逻辑，全部开始于爱尔维修所说的这种比较能力，通过对不同信息对象之间相似、相异、相合或相违的比较，人类意识开始认知世界，也是通过这些主观上的比较，人类意识才能创建相对确定和能够把握的各种观念、概念、经验与理论，这种比较的方式就是我们思维逻辑最基本的方式，它不仅是知识创建的开启，而且还会贯穿知识全部形式的整个过程。通过这种比较，意识不仅可以确立和把握某个知识内容，而且通过比较，我们的意识才可以在此基础上进行后续的思维逻辑过程，比如说判断、归纳、总结、分门别类、抽象分析与具体分析等。

就所有这些思维逻辑的过程和方式来说，可以概括为四种：比较、判断、归纳和分析。通过比较才可以作出判断，经过比较、判断之后，才谈得上分门别类和归纳总结，只有经过比较、判断和归纳之后，综合的完整的或者是系统的分析才可以开展。人类的全部思维逻辑不外乎这样的几种方式，人类的所有知识特别是高级知识都经历了这几种思维的过程。所以说，比较、判断、归纳、分析组成了人类思维逻辑最基本的几种方式，就像电脑用"0""1"的不同组合来复制代替不同信息以及它的运算原理一样，思维逻辑的这四个方式也只是最基本的形式，电脑的软件数不胜数，那么，作为更高级的带有系统的和较完备与成熟的思维逻辑，就是这四种方式基础上的完善与组合，而且是高级别的组合，许多还是带有理论性质的，如逻辑学、数学、科学当中的方法，再比如矛盾论、统一论、平衡论、系统论、辩证法等，只要它们当中带有主观上指导认知的方法，可以说都属于我们所说的思维的逻辑。

对于思维的习惯我们别无选择，只能去适应和遵从，而作为主观能动的思维逻辑，它是纯粹主观上的方式方法，是有变数的，而且它还会随着人类的认知能力的提高逐步提升变化，就像电脑中的软件一样，由最简单的软件开始，经过复杂的组合，还可以进行升级换代，只不过，人脑具备一定的自主升级的功能，这种功能就是来源于思维逻辑和知识的共同发展的结果，整体知识进步了，一个重要的标志就是人类的思维方法思维逻辑将会发生变化。因此，思维习惯主要是个正确认知问题，而思维逻辑却需要发展和完善。

哲学中的认识论与方法论紧密相关，方法论其实就是人类思维方法当中的思维逻辑，相对于新兴的脑科学和认知科学来讲，人类思维的方法的研究应当属于认知科学，而脑科学可以说是生物学、物理学与化学的具体细化。哲学认识论分析知识的形成，同时总结出对存在世界的某种抽象的抑或是高度概括的看法，在这里，我们用分析人类思维的方法来统一哲学认识论中关于知识的形成规律以及形成知识过程中主观方面的逻辑方法，将它们统一视作人类思维的方法，目的就是为了研究人类知识的形成与发展的规律。现在，我们知道了，思维的习惯对应于我们知识的形成规律，对此似乎我们只能是适应并遵从，而思维的逻辑则对应于我们知识的发展规律，对此需要我们给以足够的精力去发展。

知识的重大发展与突破，其重要体现和要求就是我们思维逻辑即哲学方法论方面的长足进步，那么，思维逻辑怎样才能获得这样的进步呢？

人类的思维逻辑在各种形式的知识形成的过程中发挥着重要作用，同时随着人类综合的系统的知识的进步和发展，我们的思维逻辑也会随之进步与发展，为什么这样说？

我们知道思维的逻辑最基本的四种方式是比较、判断、归纳和分析，就其中的每一种方法来说，都会随着具体的知识内容和对象的不同而出现很大差异，比如当我们的古人比较太阳和月亮的时候，他们的比较方法、内容及其结果，肯定和我们今天的人类在大脑思维中的比较差距甚远。比较尚且如此，由此可以想见归纳和分析的差异就会更加显著。

就每一个具体的知识内容和对象来说，如何分析我们思维的逻辑及其进步，是无法进行的或难以实现的；就每一种具体的比较、判断、归纳和分析的方法来说，如何解决我们思维的逻辑及其进步，也没有办法完成。它们都显得杂、多、乱，似乎没有任何规律和线索可寻，但是，我们的先哲们提出矛盾论、统一论、辨证论、平衡论、系统论等方法论之后，却给予我们很大的帮助与启示，其帮助在于用这些方法论去具体进行比较、判断、归纳和分析时，明显地有了很大的不同，好像在进行每一项逻辑推理之前，我们的主观上便自动具有某种偏见和成见，而这些偏见与成见却都是有益的，也正是因为带着本来就有的这些偏见与成见，才使得我们的每一种比较、判断、归纳和分析获得明显的进步，让我们最终获得的知识内容和结果更加接近真相，更具有指导意义。当我们用辩证法来归纳、分析问题时，我们经常会从对立的方面去看待和认识，当我们用统一论、平衡论、系统论的方法去判断某个事物或问题时，我们经常会以相互联系、平衡一致、构成系统的方式去进行甄别。

那么，我们的这些偏见与成见以及如此众多的方法论从何而来？其发展的方向又在哪里？显然，所有这些诸如矛盾论、统一论、辩证法、平衡论、系统论等的方法论，作为高级的思维逻辑形式，都来源于我们人类对于存在世界的认识水平。当我们认为世界上总的来说是矛盾的、统一的、辩证的、平衡的或者成系统的，那么我们的总的认知指导原则就会自动地去影响我们具体的思维逻辑，并在实际中成为现实的高级思维逻辑形式。因此，人类的所有这些认识与逻辑上的主观偏见与成见决定于我们关于存在世界的总的方面的认识。

如果仔细研究一下，我们很容易从这些如此众多的方法论中找到一个共性，它们关于存在世界的总认识，全都集中体现在存在关系方面，即存在世界中各事物之间的联系内容上，无论是矛盾、统一，还是平衡、系统等，它们都在讲述世界中各个存在事物、存在形式之间的存在关系问题。也就是说，人类思维方法中的思维逻辑的发展方向必将源自关于存在世界当中存在关系的认识水平，有什么样的存在关系的认知，或者说人类如何总的看待和分析存在关系，就会产生什么样的高级思维逻辑。存在与意识在总的方面和更高级的形式当中，就是如此地展现它们的统一，这种统一不是来自别处，正是来自于人类思维的习惯，而人类思维的习惯正好取决于有个什么样的存在世界。

这，就是认识论、方法论以及存在论三者的统一所在！

存在关系其实就是因果律。当然，那些影响我们思维逻辑的存在关系只能是总的因果律或原则因果律，或者叫做因果律的共性，也就是说，所有因果律中人们总结出矛盾、统一、平衡、系统等的原则与共性，这些原则就成为指导我们去分析看待存在世界的思维逻辑方式，我们人类在认识上的成见和偏见就这样建立起来了。

对于这些已经成为和未来将会成为我们人类思维逻辑即方法论的所有原则和内容来说，它们又有什么特点呢？既然它们对于我们认识世界有着巨大的影响和作用，那么，它们的突破又会在哪里呢？显然，了解它们的特点将会有助于我们找到突破之所在。

首先，所有这些思维逻辑的内容和方式都是我们人类意识可以理解的，而且有一定的可信度与可靠性，因此具有指导作用并成为思维逻辑的高级形式，为什么？因为它来自于我们的思维习惯，符合我们的思维习惯。其次，大部分这些思维逻辑的内容所针对的存在关系都是事物之间空间意义上的联系与影响，即内容均系空间层面的，无论是事物之间的位置关系、事物的结构状态，还是事物的大小、事物之间的位置、事物间的距离远近，都是空间的内容，这种空间的内容因为含有视觉信息和立体概念，因而在意识上很容易建立起纯粹主观的空间概念，并据此帮助人类去认识和理解。另外，现有的全部高级思维逻辑即方法论都是抽象的、模糊的，其抽象就体现在原则上，而模糊则体现在空间意义上的界限方面，也就是说，用原则的内容套用在不讲空间边界的事物之间，其实际适用性会大打折扣。

根据思维逻辑高级形式所具有的这些特点，我们应该有所感触，是否会有某种方法论或客观存在的存在关系在存在世界中存在，但却不符合人类的思维习惯？换句话说，是否某种存在关系或应有但未有的思维逻辑方式会因为不符合思维习惯而不被人类意识理解？对于这个问题的回答可能会出现分歧，但是我们人类显然早已意识到这个问题，那些不能得到答案的问题共性都是如此，对于它们人类用固有属性、理所当然或者直接对接而勿需怀疑和加以因果证明的方式加以处理，比如平面中的三角形内角和就是180°、氧和氢燃烧就生成水、光速最快，等等，可以说，几乎所有推理直至无法再理解和证明的存在关系，都会被直接认定为天然如此或者固有属性。其实，这种情况反映的就是不符合思维习惯和无法以逻辑思维去接受的客观的现象，而这种局面将会永远下去，因为存在是存在的存在，意识的存在永远只是能够意识的那部分存在，存在的形式从根本上说是存在自己的形式，而不是意识或者逻辑所能设想或推理的样子，所以，用数学的方式即思维逻辑的方式去要求存在世界遵守数学法则的出发点，肯定是错误的。

根据大部分思维逻辑都包含视觉信息及空间内容的特点，我们同样会问，存在关系会不会有不涉及视觉信息及空间内容的？如果有，那么我们的思维逻辑如何突破而适应之？关于这个问题，上面的分析已经解决了，因为不包含视觉信息及空间内容的，人类都很难按思维习惯去建立和理解。

那么，剩下的就是存在关系的空间界限问题了。就现有的所有方法论来说，它们之所以在空间界限上表现为模糊不清，就是因为空间的层级性没有认识到，只要是存在关系都是发生在与其相适应的空间层级的关联关系，某个星球上的岩石和恒星发出的光，显然发生存在关系的空间层级完全不同，而岩石和光又都会有各自的极限空间大小，因为存在都是占据一定空间位置和一定空间体积的存在，存在关系所展现出的内容也一定会带有这样的空间内容，因此，在研究和分析各种具体的现象和因果律的时候,必须要认识到关联事物所要关联到的空间层级与大小。那么,从这个意义上说,微观、自然观及宏观领域,世界的各个领域遵守完全不同的法则,人类应当有这个意识准备,所谓的统一的存在法则或者根本的法则以及终极的存在形式,应该只是人类永远的一厢情愿。